はじめに

　本書は,『公務員試験 速攻の時事』のいわばパート2である。『速攻の時事』で頻出ポイントを学習しながら,この『実戦トレーニング編』で問題演習を積み重ね,時事対策を万全なものにしてもらおうというのが,著者の願いである。

　時事問題とはいっても,試験である以上,傾向や頻出パターンは存在する。そこで,本書では,まず時事問題の傾向や出題のされ方を徹底的に分析した。そして,それを踏まえて,実戦力を強化するための豊富な問題演習を用意した。

　用語になじみがなければ,時事の知識を頭に定着させるのは難しい。そこで,『速攻の時事』の内容がスッと頭に入るように,「暗記お助け」のページを設けた。また,近年の傾向に合わせて,市役所試験や社会人試験向けにIT系・環境系の用語を追加した。

　『速攻の時事』ともども,本書を大いに活用してもらえれば幸いである。

執筆責任者
高瀬淳一

JN090817

本書の特長と使い方

　この本は『公務員試験　速攻の時事』に書かれている知識の「定着と確認」を図るためのトレーニングブックである。『速攻の時事』が時事対策のための「要点整理編」であるとすれば，こちらは時事対策のいわば「暗記お助け＋実戦力養成編」になる。

　本書は，『速攻の時事』と同じ章立てになっている。『速攻の時事』の学習に併せて利用してもらうためである。内容も『速攻の時事』を持っていることを前提に書かれている。2冊を並行して利用し，時事に関する知識の定着を図ってほしい。

　本書は，各章それぞれに，「過去問研究」「暗記お助け」「問題演習」が，順番に並んでいる。その特長と利用法を順に説明していこう。

●実戦力をつけるには，やっぱりまずは「過去問研究」！

　時事問題というのは，そのときどきの情勢や政策など「新しい事実」を取り上げた問題のことだ。しかし，だからといって傾向がないわけではない。過去問を研究してみると，テーマの選定や選択肢のつくられ方など，似ている問題があることに気づく。**取り上げる事実は新しくても，出題パターンにはやはり傾向があるのだ。**

　そこで，各種公務員試験から時事関連の問題をピックアップしてデータベースをつくり，それに基づいて出題傾向を調べてみた。そして，その結果を各章冒頭の「過去問研究」のページに示した。

　まずこのページで，どういうテーマを重点的に勉強すればよいのかを確認しよう。時事なのだから，過去の頻出テーマだけをやればよいというものではないが，時間効率を考えることも必要だ。やはり**出題されてきたテーマから押さえていくのが**「受験の鉄則」というものだろう。

●「暗記お助け」で必修用語を一気にチェック！

　よく出るテーマについて，時事の頻出用語や関連する知識をまとめて整理したのが「暗記お助け」のページである。文字どおり，君たち受験者の暗記のお手伝いをしよう，というのがねらいだ。

　経済分野などは特にそうだが，用語になじみがないと，ここがポイントだといわれても，なかなか頭に入ってこない。そこで，この「暗記お助け」では，**必要に応じて基礎用語や頻出用語の復習をしながら，最新の時事用語のチェックができるようになっている。**

「暗記お助け」のページは，いわば『速攻の時事』をきちんと理解するための「まとめノート」，あるいは「単語帳」である。ノートを取る時間も惜しい受験者にはきっと役立つはずだ。

とはいえ，この「暗記お助け」を読んだだけで試験に立ち向かってはならない。時事を理解するには，用語や数値の暗記だけでは不十分だ。あくまでも『速攻の時事』を読み抜くための「お助け」であることを忘れないでほしい。

なお，この「暗記お助け」では，いくつかの話題のテーマについて，考え方も紹介している。**時事の話題は論文・作文試験や面接試験でも，政策論を語るうえでも重要な要素となる。**そのためには，時事問題について自分の意見を持つことも重要だ。本書では，コラムなどを利用して，そのための手がかりを随所にちりばめてある。ぜひ参考にしてもらいたい。

●「問題演習」で実戦力アップ！

各章には4〜7問の問題演習がついている。各章の重要テーマについて，基礎から応用までバラエティに富んだ問題を用意している。

過去問を見ていると，長い選択肢であっても，正誤の判断ポイントが意外に単純なものをよく見かける。増減が反対であったり，条約や法律の名前が別のものであったりするのである。**本書の問題演習では，そういった基本パターンの問題も用意されている。**問題を解きながら，「どこに注意しながら選択肢を見ればよいか」という"見方"を習得してほしい。

もちろん，本書は基本問題だけでなく応用問題も載せている。実際の試験では，瑣末な知識を問う選択肢や，「ひっかけ」や「ひねり」が加えられた選択肢を見ることもあるだろう。頻出テーマなら，なおのこと注意が必要になる。過去問と似すぎないように，各選択肢がマイナーな内容を取り上げる可能性が高くなるからだ。

実戦的であることを目指す以上，知らない内容を含む問題への対処もトレーニングしてもらわなければならない。本書で難易度の高い問題に取り組むことで，なんとか対処できるよう，難問打開のカンを養ってもらいたい。

以上が本書の構成のあらましである。もちろん，本書はどこから手をつけていってもかまわない。自分の得意分野から，次々と知識の確認と問題演習を進めていこう。時事はこれで完全征服だ！！

令和6年度試験完全対応　公務員試験　速攻の時事 実戦トレーニング編　目次

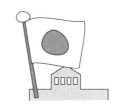

第4章　経済政策

第5章　財政

第6章　世界経済

第1章 日本政治

● 過去問研究

「選挙」は民主主義の基本

　選挙は民主主義の基本。そのため公務員試験では選挙に関する出題が多い。これまでの傾向を見ると，**大きな制度改正（＝公職選挙法の改正）が行われたあとの出題はほぼ確実だ**。2016年には衆議院選挙についてアダムズ方式の導入が決まり，2018年には参議院の選挙制度で定数増や特定枠創設の改正があった。するとさっそく，令和元年度の特別区［Ⅰ類］が参院選の特定枠を取り上げた。

　当然のことながら，国政選挙の前後には選挙の出題確率は高まる。政治の生々しい話は出にくいが，期日前投票の利用者数や投票率の動向を問う出題ならありうる。事実，5年度の特別区［Ⅰ類］は前年の参院選について，期日前投票者数，投票率，女性当選者数，政党要件を満たした新党，1票の格差の5つを各選択肢で取り上げた。

　2021年には憲法改正の手続きを定める改正国民投票法が成立したが，4年度の国家専門職［大卒］はさっそく選択肢にその内容を入れてきた。法改正にはやはり注意が必要だ。

「地方行政」は常に注意

　地方自治は公務員試験の重要テーマ。時事でも**地方行政についての出題は常にありうる**。択一式はもちろん，論述や面接も念頭に置いて，完璧な準備をしておこう。

　令和4年度は東京都［Ⅰ類B］が，地方創生の基本方針について出題。地方創生テレワークへの支援が正答だった。

　岸田内閣は「地方創生」を「デジタル田園都市国家構想」に変更。今後はこれが地方行政の話題の軸になる。具体策も含め，しっかり勉強しておこう。

岸田内閣で用語一新

　2021年に発足したデジタル庁については令和4年度の東京都［Ⅰ類B］や特別区［Ⅰ類］が出題。5年度には国家一般職［大卒］が，政府の情報化に関する「行政学」の問題にデジタル庁の設立経緯を問う選択肢を登場させた。今後もデジタル庁が打ち出す政策は要注意だ。

　行政機構では今後「こども家庭庁」が出題必至。p.86に目を通しておきたい。

　岸田内閣は政策指針を示す用語として「新しい資本主義」「デジタル田園都市国家」「新リアリズム外交」などを次々と発表。さっそく4年度の東京都［Ⅰ類A］が出題したが，本格的な出題はこれからだ。

国政選挙と政治の動き

 ココに注目 生々しい政局の話は公務員試験向きではないが，近年の大きな流れは最低限の知識。国政選挙については両院の最近の選挙結果を確認しておこう！

● 政局動向

□ **安倍内閣**‥‥2012年12月，自公連立政権が復活。首相には自民党総裁の**安倍晋三氏**が就任した。アベノミクスと呼ばれる大胆な経済政策を推し進めた安倍内閣は，野党の混乱にも助けられ，高支持率を維持。2020年9月に菅内閣が発足するまで安倍内閣は約7年8か月続き，第1次安倍内閣（2006～2007年）を合わせると，**憲政史上の最長内閣**となった。

□ **菅内閣**‥‥2020年9月，体調不良のため退陣した安倍氏の後任の自民党総裁に**菅義偉氏**が就任し，菅内閣が誕生した。「国民のために働く内閣」を掲げ，コロナ対策のほか，規制改革や**「デジタル庁」の創設**などに取り組んだ。だが，支持率の低迷で2021年9月に退陣を表明した。

□ **岸田内閣**‥‥2021年10月，自民党総裁選で勝利した**岸田文雄**氏が国会で首相に指名され，岸田内閣が誕生。経済政策では，新自由主義経済からの決別を掲げ，「成長と分配の好循環」に支えられた「新しい**資本主義**」の実現を図るとした。

□ **野党再編**‥‥2020年9月，立憲民主党，国民民主党の一部，野党系の無所属議員が結束。国会議員150人を擁する新しい立憲民主党が誕生した。

● 選挙動向

□ **2021年の衆院選**‥‥2021年10月の総選挙では**与党が勝利**。自民党は議席減ながらも単独過半数を維持した。野党では立憲民主党と共産党が議席減。一方，日本維新の会は大きく躍進した。**投票率は戦後3番目に低い55.93%**（前回比2.25%増）。**期日前投票の利用者は全有権者の約2割**にのぼった。

□ **2022年の参院選**‥‥2022年7月の参院選では，**与党が改選議席の過半数を獲得して勝利**。野党では立憲民主党，共産党，国民民主党が議席を減らし，日本維新の会といわ新選組が議席を増やし，参政党は初議席を得た。**投票率は52.05%**で，前回選挙と比べ3.25%高くなった。

　2021年と2022年の2つの国政選挙の結果，改憲に前向きな政党（自民・公明・維新・国民など）の議席数は，衆議院でも参議院でも憲法改正の発議に必要な3分の2を超えた。

必修・選挙制度改革

ここに注目 国内政治の頻出テーマといえば，何はさておき「選挙制度」。選挙についての時事用語は，ここで一気に覚えてしまおう！

● 選挙制度

□ 18歳選挙権‥‥2015年の改正公職選挙法で，**日本の選挙権年齢は「20歳以上」から「18歳以上」に引き下げ**。国政選挙では2016年の参院選から適用された（衆院選での初適用は2017年）。

□ 期日前投票‥‥**投票日に所用がある人のための投票制度**。公示日・告示日の翌日から投票日前日までの間に指定の場所に出向いて投票する。所用の内容による制約がないことから，この制度を利用する有権者は増えている（2021年の衆院選では有権者の約19%，2022年の参院選でも約19%）。

□ 共通投票所‥‥指定された投票所とは別に，**同じ自治体の有権者ならば，だれでも利用できる投票所**。選挙区内の駅や商業施設など，利便性の高い場所に設置される。2016年の改正公職選挙法により導入された。

□ 国民投票法‥‥2021年の改正法では国政選挙と同様の投票機会を増やす制度を導入。野党が望んだCM規制の強化等は施行後3年をめどに再検討する。

● 1票の格差

□ 衆議院の1票の格差‥‥最高裁は2023年，2021年の総選挙の1票の格差（最大2.08倍）について「**合憲**」と判決。事実上，2倍程度なら容認できるとの姿勢を示した。

□ 参議院の1票の格差‥‥最高裁は，2019年の参院選の1票の格差（最大3.002倍）について「**合憲**」と判決。なお，15人の裁判官のうち，3人は「違憲」，1人は「違憲状態」を主張した。

● 参議院の選挙制度改正

□ 合区‥‥**従来の2つの選挙区を合わせて1選挙区とすること**。2016年の参院選から「鳥取・島根」「徳島・高知」を1選挙区にした。

□ 10増10減‥‥**2016年の参院選から導入**。合区の実現による定数4減に加え，選挙区で定数を6減した。一方，5選挙区で定数

違憲状態

制度が改正されないと，いずれは違憲になる状態。最高裁は衆院選については2011年，2012年，2014年と連続して「違憲状態」であるとの判決を下し，参院選についても2010年と2014年に「違憲状態」と指摘して，選挙制度の是正を促した。

を2ずつ増加した。

□特定枠‥‥2018年の改正公職選挙
法は参議院の議員定数を**6増**（埼
玉選挙区で2増，比例代表で4
増）。比例代表には，政党が優先
的に当選させることができる「**特
定枠**」を導入した。なお，特定枠
候補者は，通常の候補者に認めら

> **衆議院**（議員定数 465 名）
> ・小選挙区（289 選挙区を設置）　289 名
> ・比例代表（11 のブロックごと）　176 名
> 　→衆議院では「**拘束名簿式**」
>
> **参議院**（議員定数 248 名）
> ・選挙区（各 1〜6 名）　148 名
> ・比例代表（全国が 1 つの選挙区）　100 名
> 　→参議院では「**非拘束名簿式**」

れるポスター掲示や個人演説会などの選挙運動が禁止されている。2019年の
参院選から適用されている。

● 衆議院の選挙制度改正

□10増10減‥‥2022年，2020年の国勢調査の結果に基づき，国会で定数と区
割りの変更が決定。次回の総選挙から実施されることになった。

　都道府県の小選挙区数は**10増10減**。増える10議席は，東京に5，神奈川に2，
埼玉・千葉・愛知に1ずつ配分される。一方，議席が1減となるのは，宮城，
福島，新潟，滋賀，和歌山，岡山，広島，山口，愛媛，長崎の10県である。ま
た，1票の格差を是正するための調整も行われるため，全体で25都道府県の
140選挙区の区割りが改正される。その結果，1票の格差は1.999倍に縮小する。

　比例代表の定数についても**3増3減**を実施。東北，北陸信越，中国の3
ブロックで1ずつ減らし，東京で2，南関東で1増やす。

□アダムズ方式‥‥衆議院の議員定数は，2020年の国勢調査から10年ごとに都
道府県への議席配分を再検討。その際の計算方式が「アダムズ方式」だ。**議
員1人当たりの人口（全人口÷議員定数）を「基準値」とし，これで都道府
県の人口を割り，小数点以下を切り上げて，配分されるべき議員数を出す**。
議員数が定数を超える場合は「基準値」を上げながら再計算を繰り返し調整
する。切り上げにより各都道府県には最低でも1議席が配分される。

　下の表は，3つの県を持つ人口100万人の国で，定数10の議会の場合の例。
基準値＝10万人（＝100÷10）では11議席になってしまう。基準値を12万人
に上げれば10議席になる。

	人口	基準値＝10万人	基準値＝12万人
A県	50万人	÷10＝5.0 ∴5議席	÷12＝4.2 ∴5議席
B県	36万人	÷10＝3.6 ∴4議席	÷12＝3.0 ∴3議席
C県	14万人	÷10＝1.4 ∴2議席	÷12＝1.2 ∴2議席
合計	100万人	11議席	10議席

しっかり学ぶ地方自治

ここに注目 「地方創生」は岸田内閣で，「デジタル田園都市国家構想」に変更。論述や面接も念頭に，近年の動きを見直しておこう！

● 地方創生

□**まち・ひと・しごと創生法**‥‥**地方創生に関する基本法**。地方の人口減少に歯止めをかけ，地方の創生を図るため，国と自治体に５年間の「総合戦略」の策定を求める（自治体は努力義務）。

□**まち・ひと・しごと創生総合戦略**‥‥５年ごとに策定される**地方創生政策に関する基本方針**。第２期戦略（2020 ～ 2024年度）は第１期戦略の４つの基本目標（地方での雇用創出，地方への人の流れ，若い世代の結婚・出産・子育てについての希望の実現，時代に合った地域づくり）を踏襲。若者を含む就業者を地方で100万人増やすことなどを明記した。第２期総合戦略はコロナ禍の2020年に一部を改訂。「**地方創生テレワーク**」の推進などを盛り込み，「**オンライン関係人口**」といった新概念も打ち出した。

□**関係人口**‥‥**特定地域に継続的にかかわる人々を表す新語**。地方に移住した「定住人口」とも，地方に観光に来た「交流人口」とも異なり，いわば「交流以上，移住未満」の人たちである。具体的には，頻繁な訪問・ボランティアや寄附などで特定地域に親近感を持っている人が概当する。地方への移住がなかなか進まないなか，地域での「ひとの創生」に関する新しい考え方として提唱され，第２期「まち・ひと・しごと創生総合戦略」に盛り込まれた。

□**地域経済分析システム（RESAS）**‥‥**地域経済に関するビッグデータを整理分析して提供するシステム**。ホームページからだれでも利用できる。

□**企業版ふるさと納税**‥‥**企業が自治体の行う地域創生事業に寄附した場合，税額控除が受けられる制度**。2020年には「企業版ふるさと納税（人材派遣型）」が追加され，人件費相当額を寄附額に算定できるようになった。

国土形成計画

2023年，政府は国土形成計画の変更を閣議決定。「新時代に地域力をつなぐ国土」の形成を目指すとした。

計画は，東京一極集中を是正し，人口や諸機能を国土全体に分散させ，相互の補完・連結を図ると主張。併せて，広域都市から地域コミュニティまでの生活圏を重層的につなげば，「シームレスな拠点連結型国土」が実現し，人口減少下でも地域の持続性が高まるとしている。

● デジタル田園都市

□**デジタル田園都市国家構想基本方針**‥‥2022年閣議決定。デジタル技術を用いて地方の社会課題を解決し，「**全国どこでも誰もが便利で快適に暮らせる社会**」の実現を図る。重要業績評価指標（KPI）には，1000自治体が2024年末までにデジタル実装に取り組むことなどが明記された。

□**デジタル田園都市スーパーハイウェイ**‥‥**日本を周回する海底ケーブル**。デジタル田園都市国家構想基本方針に設置が盛り込まれた。デジタルインフラについては，光ファイバや5Gの普及を図り，十数か所の地方データセンターの整備も進める。

小さな拠点

　複数の集落がある中山間地域で，商店や診療所などの生活サービスを1か所に集め，住み慣れた生活圏を維持する取組み。「拠点」と他の集落とはコミュニティバスなどで結ばれる。

　政府は2024年までに1800か所に設置することを目指している（2022年8月の調査では1510か所）。

　一方，地方都市で主要生活機能を集約する取組みは「コンパクトシティ」と呼ばれる。

□**デジタル人材地域還流戦略パッケージ**‥‥**デジタル人材の地域への還流促進策**。デジタル田園都市国家構想基本方針に盛り込まれた。そのほかデジタル人材については，高齢者などにデジタル機器やサービスの利用方法を教える「**デジタル推進委員**」制度も創設される。

□**Digi田甲子園**‥‥**デジタル田園都市構想の表彰制度**。デジタルを活用した地域活性化を促す。特設サイトで参加自治体の動画を見ることができる。

□**デジタル田園都市国家構想総合戦略**‥‥2022年閣議決定。「基本方針」に示されたデジタル実装に向けた施策のほか，東京一極集中の是正などを盛り込み，2023年度からの5年間で実施する。

● ひとづくり関連用語

□**プロフェッショナル人材戦略拠点**‥‥**大都市で働く人材と地方企業の橋渡しをする拠点**。各道府県に設置。人材戦略を通じ，地方企業の「攻めの経営」を促す。

□**地域おこし協力隊**‥‥**都市地域から過疎地域に生活拠点を移し，1～3年間，「地域協力活動」を行う**。総務省は隊員数の増加目標を掲げ，強化を図っている。2021年度からは「地域おこし協力隊インターン」もスタートした。

□**地域活性化起業人**‥‥**企業の専門人材を地域に派遣する制度**。地域おこし企業人制度を刷新し，2021年度に創設。三大都市圏の企業等の社員を，在籍のまま地方に派遣し，地域活性化の課題解決に従事してもらう。

□**地方大学振興法**‥‥2018年に成立。**地方で暮らす若者の修学や就業を後押しする**。「キラリと光る地方大学づくり」をスローガンに，積極的に取り組む自治体には交付金が支給される。

日本の外交・安全保障

ここに注目 日本の外交指針と重要国際会議をまとめて学習。最新ニュースの理解に向け，安全保障政策の基礎知識もチェック！

● 日本の外交

□ **自由で開かれたインド太平洋**‥‥2016年からの**日本の外交指針**。関係国と連携し，インド太平洋地域において，法の支配に基づく，自由で開かれた秩序の実現・強化を図る。アメリカ，オーストラリア，インド，ASEAN，欧州主要国などが共有を表明している。

□ **新時代リアリズム外交**‥‥**岸田首相が2022年に提唱した外交理念**。未来に向けた理想を掲げながらも，したたかで現実的な外交を進めていくとした。普遍的価値の重視，地球規模課題の解決，国民の命と暮らしを断固として守り抜く，が3本柱。

□ **平和のための岸田ビジョン**‥‥2022年のアジア安全保障会議で**岸田首相が発表した平和構想**。①自由で開かれたインド太平洋構想の新展開，②安全保障での連携強化，③核兵器のない世界に向けた現実的な取組み，④国連の機能強化，⑤経済安全保障での国際連携，が5本柱。

□ **ヒロシマ・アクション・プラン**‥‥**岸田首相が2022年の核兵器不拡散条約（NPT）運用検討会議で提唱**。「核兵器のない世界」という理想と「厳しい安全保障環境」という現実を結びつけるためのロードマップの必要性を指摘した。その第一歩として，①核兵器不使用の共有，②透明性の向上，③核兵器数の減少，④核兵器の不拡散と原子力の平和的利用，⑤各国指導者等の被爆地訪問の促進，の5つの行動を促すべきだと述べた。

□ **G7サミット**‥‥**主要7か国（日，米，英，独，仏，伊，加）とEUの首脳会議**。自由，民主，法の支配などの価値を共有する主要先進国の首脳が，国際政治や国際経済などでの政策協調を図る。2023年は広島で開催され，G7首脳に加え，新興国や途上国から招待された首脳8人と国際機関の長7人，そしてウクライナのゼレンスキー大統領が急遽来日して参加した。また，日本各地でG7閣僚会合が開催され，各分野での政策協調が図られた。

広島サミットでG7首脳は「核兵器のない世界の実現」に向けた努力を確認し，**核軍縮に関するG7首脳広島ビジョン**を発表した。また，**ウクライナに関するG7首脳声明**では，従来の支援に加えて重要インフラの修復支援も約束。AIについては「**広島AIプロセス**」を創設し，同年12月のG7閣僚会

合で生成AIの開発者の責務などを定めた指針に合意した。

● 日本の開発支援

☐開発協力大綱‥‥**日本の開発協力政策の基本方針**を規定。経済援助に加え，平和構築やガバナンス，基本的人権の推進，人道支援なども「開発」に含め，幅広い支援を行うとしている。政府は2023年，多様なアクターとの連携強化や新たな資金動員に向けた取組みが必要になったとして，**新しい開発協力大綱を閣議決定**。基本方針に「非軍事的協力」「人間の安全保障」「（途上国を対等なパートナーとする）共創」「国際的なルールの普及・実践（経済的威圧のない協力）」を掲げ，相手国の要請がなくても日本の強みを活かした協力メニューを提案する**オファー型協力**に力を入れていく。

☐人間の安全保障‥‥開発協力大綱が重視する考え方。戦争だけでなく，貧困や絶望からも免れ，個人が尊厳を持って生きられる社会の構築を目指す。

☐TICAD（ティカッド；アフリカ開発会議）‥‥日本が主導して開かれている**アフリカ支援のための首脳会議**。2022年の第8回会議（TICAD 8）はチュニジアの首都チュニスで開催された。

● 日本の安全保障

☐国家安全保障戦略‥‥**日本の安全保障政策の指針**を定める。2022年の新戦略は，日本が「戦後最も厳しく複雑な安全保障環境に直面している」との認識を示し，敵のミサイル基地等を攻撃できる「**反撃能力**」の保有を初めて盛り込んだ。

☐国家防衛戦略‥‥防衛の目標と手段を示す。2022年の新戦略は，敵の射程圏外から離れて反撃するための**スタンド・オフ防衛能力**の保有を重視した。

☐防衛力整備計画‥‥**防衛力の整備に必要な経費や装備の数量など**を記載。2022年の新計画は，2023年からの5年間でおよそ43兆円の防衛費が必要と算定した。

☐有人国境離島法‥‥2017年施行。国境近くにあって，人が住んでいる離島の支援を強化することが目的。8都道県の71の島に対し，アドバイザーを派遣するなどして，無人化しないよう地域社会の維持を図る。

新領域の部隊配備

2022年，宇宙，サイバー，電磁波の各領域で新たな部隊編成が実施された。

宇宙領域には「宇宙作戦群」を編成。その下に第1宇宙作戦隊（2020年度，東京都）と第2宇宙作戦隊（2022年度，山口県）を置く。

サイバー領域では，陸海空3自衛隊のサイバー関連部隊を再編し，「自衛隊サイバー防衛隊」を発足。敵からのサイバー攻撃に対処する。

電磁波領域では，「電子作戦隊」の司令部を東京に配置。2023年度までに全国13か所に要員を配置して，レーダーや通信などへの攻撃対処に当たる。

日本政治の基礎問題

No. 1 近年の日本の選挙と政党に関する次の記述のうち，妥当なのはどれか。

1 2021年の総選挙では野党共闘が奏功し，立憲民主党や共産党は議席を大きく伸ばした。

2 2021年の総選挙では全有権者の約2割が期日前投票を利用した。

3 2021年の改正国民投票法は国民投票の際のCMの利用を禁止した。

4 2022年の参院選の投票率は24年ぶりに50%を下回った。

5 2022年の参院選では与党（自民・公明）が勝利したが，憲法改正に前向きな「改憲支持派」の議席数は3分の2に届かなかった。

No. 2 2022年2月以降の日本の対ロシア制裁とウクライナ支援に関する次の記述のうち，妥当なのはどれか。

1 対ロシア制裁では，政府関係者だけを対象に資産を凍結した。

2 ロシアとの貿易では，最恵国待遇を継続したまま一部の商品の輸出入を禁止した。

3 防衛装備移転3原則があるため，ウクライナへの防衛装備品の提供は行っていない。

4 日本はコロナ禍で行われた水際対策が終了した2023年4月以降，ウクライナからの避難民の受入れを進めている。

5 「ウクライナ被災民救援国際平和協力業務実施計画」を定め，自衛隊の輸送機を派遣して，人道物資のウクライナ周辺国への輸送を支援した。

No. 3 2022年12月に閣議決定された「安全保障関連3文書」に関する次の記述のうち，妥当なのはどれか。

1 「国家安全保障戦略」は，安全保障環境について，北朝鮮とロシアに対する警戒感を示したが，中国の軍事動向については言及を避けた。

2 「国家安全保障戦略」は専守防衛の考え方を変更し，武力攻撃が発生していない段階での「先制攻撃も可能」と初めて明記した。

3 「国家安全保障戦略」は，敵のミサイル攻撃を防ぐための自衛の措置として，相手の領域に有効な反撃を加える能力の保有を図るとした。

4 「国家防衛戦略」は，整備の重点を従来のスタンド・オフ防衛能力から統合防空ミサイル防衛能力に切り替えると表明した。

5 「防衛力整備計画」は，計画実施に必要となる防衛費の総額について，前回計画よりも少なくなると算定した。

正答と解説

No. 1　　　　　　　　　　　　　　　　　　　　　　　　　▷正答　2

1　野党の選挙協力は5党で実施されたが，中心となった立憲民主党と共産党はともに議席を減らした。

2　**正解！**　利用者率は19.49％だった（2022年参院選では18.60％）。

3　CMの利用禁止については意見がまとまらず，施行後3年をめどに再検討することが附則に盛り込まれた。

4　投票率は52.05％となり50％を上回った。投票率が24年ぶりに50％を下回ったのは2019年選挙である（48.80％）。

5　与党（自民党・公明党）に，日本維新の会，国民民主党を加えた「改憲支持派」の議席数は3分の2を上回った。

No. 2　　　　　　　　　　　　　　　　　　　　　　　　　▷正答　5

1　資産凍結措置の対象にはロシアの財閥関係者や金融機関が含まれている。

2　日本はロシアに対する最恵国待遇を撤回した。

3　防衛装備移転3原則の枠内で，防弾チョッキやヘルメット等の防衛装備をウクライナに提供した。

4　日本は侵略開始直後の2022年3月から避難民を受け入れている。

5　**正解！**　同計画は国際平和協力法に基づいて閣議決定された。

No. 3　　　　　　　　　　　　　　　　　　　　　　　　　▷正答　3

1　中国については，日本の平和と安定に対する「これまでにない最大の戦略的な挑戦」になっているとして警戒感を示した。

2　新戦略は敵のミサイル基地等を攻撃できる「反撃能力」の保有を盛り込んだが，専守防衛の変更や先制攻撃の容認に踏み切ったわけではない。

3　**正解！**　「反撃能力」の保有は抑止力にもなる。

4　統合防空ミサイル防衛能力だけでなく，敵の射程圏外から反撃するスタンド・オフ防衛能力も重視された。

5　防衛費の総額は，前回計画と比べ，大きく（1.6倍）増える。

日本政治の予想問題1

No. 4 岸田内閣の政策構想に関する次の記述のうち，妥当なのはどれか。

1 岸田内閣は，市場主義の弊害を念頭に，国家主導での課題解決を優先する「新しい資本主義」を提唱した。「新しい資本主義」では官民の役割の違いが明確化され，経済成長は民間が，国民への分配は国家が担う。

2 2022年の「新しい資本主義のグランドデザイン及び実行計画」は，科学技術・イノベーションを重点政策の1つに挙げ，高度な防衛力の整備に資する軍事技術の開発にも予算を重点配分するとした。

3 2022年の「デジタル田園都市国家構想基本方針」は，まず各都道府県から計50の自治体を選んでサテライトオフィス等の設置を含むデジタル実装を進め，地方の魅力の向上を図るとの方針を掲げた。

4 岸田内閣は日本を周回する海底ケーブルを「デジタル田園都市スーパーハイウェイ」と呼んでおり，2022年の「デジタル田園都市国家構想基本方針」には，2025年度末までの完成が盛り込まれた。

5 2023年の「国土形成計画」は，目指す国土の姿を「ふるさとをつなぐ国土」と定め，地域コミュニティどうしの連結により住民が広域都市と同様の生活サービスを受けられる地域づくりを重点政策に掲げた。

No. 5 選挙制度と1票の格差に関する次の記述のうち，妥当なのはどれか。

1 2018年，参院選の「非拘束名簿式の比例代表」に「特定枠」制度が導入された。「特定枠」で立候補する候補者は，選挙区に関係なく選挙事務所を設置し，ポスターを掲示できる。

2 2018年の参議院の議員定数是正では，選挙区の一部で定数が増やされる一方，小党分立を回避するとの観点から比例代表の定数は削減され，全体としては総定数の「6減」が実現した。

3 2022年の改正公職選挙法により，衆院選の定数について，2020年の国勢調査をもとにした都道府県への議席の再配分が行われた。都道府県の小選挙区数については，10増10減を実施するとともに，140の選挙区の線引きを変更した。

4 2023年1月，最高裁は2021年の衆院選の1票の格差（最大2.08倍）について，今後「1人別枠方式」が導入されることで格差が縮小することなども見据え，「合憲状態」との判決を下した。

5 2023年10月，最高裁は2022年の参院選の1票の格差（最大3.03倍）について，依然として3倍もの格差があるのは容認できないとして，「違憲状態」にあるとの判決を下した。

 正答と解説

No. 4　　　　　　　　　　　　　　　　　　　　　　▷正答　4

1　「新しい資本主義」の特徴は，市場と国家がそれぞれのよさを発揮し，官民連携による課題解決を目指す点にある。政策には国の支援による新たな市場の創造も含まれており，「経済成長は民間が」といった考え方はとらない。

2　重点政策の1つが科学技術・イノベーションである点は正しいが，軍事技術の開発に予算を重点配分するとはいっていない。具体例には，量子コンピュータの開発，AI技術の実装，微生物を利用したバイオものづくり，再生医療・遺伝子治療などが挙げられている。

3　「基本方針」が明記したのは，1000自治体がデジタル実装に取り組むことである。具体的には，2024年度末までに1000の自治体でサテライトオフィス等を設置するとしている。

4　**正解！**　「基本方針」はデジタルインフラの整備を積極的に進めるとしている。海底ケーブルの設置のほか，光ファイバの世帯カバー率や5Gの人口カバー率などで，実行に向けた数値目標が掲げられた。

5　「国土形成計画」は，広域都市から地域コミュニティまでの生活圏を重層的に連結することを掲げている。地域コミュニティどうしだけの連結ではない。また，目指す国土の姿は「新時代に地域力をつなぐ国土」と定めた。

No. 5　　　　　　　　　　　　　　　　　　　　　　▷正答　3

1　政党の判断で選ばれる「特定枠」の候補者は，選挙運動なしで優先的に当選できる。そのため，選挙事務所の設置やポスター掲示のような選挙運動が認められていない。

2　2018年に実現したのは参議院の議員定数の「6増」である。その内訳は2議席が選挙区（埼玉），4議席が比例代表である。議席の削減はなかった。

3　**正解！**　アダムズ方式では，議員1人当たりの人口を「基準値」と定め，これで都道府県の人口を割り，配分する議員数を出す。ただし，小数点以下を切り上げるため，どの都道府県も必ず1議席以上となる。

4　各都道府県にまず1議席を割り当てる「1人別枠方式」は，2011年の最高裁判決で1票の格差の原因とされたことから，2012年に関連規定が廃止された。また，2018年の判決は「合憲」である。「合憲状態」という言い方はない。

5　当時の1票の格差について，「投票価値が著しい不平等状態だったとは言えない」として，「合憲」判決を下した。

CHAPTER

1

日本政治

問題演習 日本政治の予想問題2

No. 6　日本の外交に関する次の記述のうち，妥当なのはどれか。

1　日本の「自由で開かれたインド太平洋」は，アメリカ，オーストラリア，カナダからは支持を得ているが，インドやドイツなどは中国との対立激化を懸念して態度を保留している。

2　岸田首相は，外交は人類の未来に向けた理想を実現する手段でもあるとして，普遍的価値の重視と地球規模課題の解決の2つを軸とする「新時代アイデアリズム外交」を掲げた。

3　岸田首相は2022年，日本の首相として初めて核兵器不拡散条約（NPT）運用検討会議に出席し，核兵器のない世界という理想と厳しい安全保障環境という現実を結びつけるためのロードマップとして，5つの行動からなる「ヒロシマ・アクション・プラン」を提唱した。

4　2022年が日中国交正常化50周年であったことなどを受けて，2023年の『外交青書』は中国についての警戒感を和らげ，建設的かつ安定的な日中関係の構築を重視する外交姿勢を強調した。

5　日韓関係は，「徴用工問題」に関する韓国側の姿勢に改善の兆しが見られないことから停滞しており，2022年も2023年も外相・首脳レベルでの二国間会談は開催されなかった。

No. 7　日本の開発協力に関する次の記述のうち，妥当なのはどれか。

1　政府によって実施されるODAは国家の政治的思惑を反映しやすい。そのため国連は加盟国に対し，拠出の大半を国際機関にゆだね，そこから援助が必要な国に配分する方式をとるよう要請している。

2　2023年に閣議決定された新たな「開発協力大綱」は，「非軍事的協力」「人間の安全保障」「共創」「国際的なルールの普及・実践」の4つの基本方針を掲げた。

3　2021年の日本のODA（贈与相当額計上方式）は約176億ドルで，総額においても「ODAの対国民総所得比」においても，アメリカ，ドイツに次ぐ世界第3位だった。

4　中国が港湾や道路の建設といったインフラ支援を重点に途上国へのODA供与を行っているのに対し，日本はSDGsの観点からインフラ支援を抑制し，基礎的な保健サービスを提供する「ユニバーサル・ヘルス・カバレッジ」の普及に絞って，ODAによる開発協力を行っている。

5　アフリカ開発会議（TICAD）は，主要先進国が持ち回りで開催しているアフリカ支援のための首脳会議である。2022年の第8回会議は日本で開催され，日米欧の首脳がアフリカの人材育成への協力を約束した。

 問題演習 正答と解説

No. 6
▷正答　3

1　「自由で開かれたインド太平洋」は幅広い支持を得ており，インドやドイツなども実現に向けた協力を約束している。また，日本はASEAN諸国とも「自由で開かれたインド太平洋」に基づく政策協調を積極的に進めている。

2　岸田首相は，未来に向けた理想を掲げながらも，したたかで現実的な外交を進めていくとして「新時代リアリズム外交」を外交理念に据えた。

3　**正解！**　5つの行動とは，核兵器不使用の共有，透明性の向上，核兵器数の減少，核兵器の不拡散と原子力の平和的利用，各国指導者等の被爆地訪問の促進である。

4　『外交青書』は，尖閣諸島周辺での領海侵入・領空侵犯や東シナ海・南シナ海における力による一方的な現状変更の試みを念頭に，中国の対外姿勢や軍事動向は「日本と国際社会の深刻な懸念事項」であり，これまでにない最大の戦略的な挑戦」と表現し，引き続き警戒感を強調した。

5　2022年に韓国大統領が保守系の尹錫悦氏に交代して以降，日韓の外相会談や首脳会談が開かれるようになった。その後，2023年に韓国から「徴用工問題」の解決策が提示されると，日韓首脳は5年ぶりに相互に相手国を訪問する「シャトル外交」を再開させた。

No. 7
▷正答　2

1　ODAは各国の外交戦略にかかわるものであり，国連は記述のような要請はしていない。なお，日本の場合，国際機関などを経由する多国間ODAは約19％で，約81％は二国間ODAとして対象国に直接支出されている。

2　**正解！**　このうち「国際的なルールの普及・実践」では，中国の援助姿勢への対抗を意識して，経済的威圧のない協力を強調した。

3　日本のODAは総額では世界第3位だったが，「ODAの対国民総所得比」では，OECD（経済協力開発機構）の開発援助委員会（DAC）の順位において，29か国中の12位だった。

4　日本は「質の高いインフラの整備」をODAで重視する点に掲げて，積極的に支援している。ユニバーサル・ヘルス・カバレッジの推進を重視している点は正しい。

5　アフリカ開発会議（TICAD）は，主要先進国が持ち回りで開催しているわけではなく，日本主導で日本かアフリカで開かれている。2022年の第8回会議はチュニジアのチュニスで開催された。

第2章 国際政治

● 過去問研究

最頻出は「各国情勢」

国際政治の時事が出題されるのは，基礎能力・教養試験の時事，政治，社会。それに専門試験の政治学や国際関係だ。

国際政治の時事問題では，とにかく「**各国情勢**」についての**出題**が目立つ。多くはアジアやヨーロッパなど地域を限定して5つの選択肢を組む問題で，たとえば令和4年度の国家専門職［大卒］の問題は中東に注目し，イスラエル，パレスチナ，イラン，アフガニスタン，アゼルバイジャンで5つの選択肢を構成した。

ほかに，話題となった国について地域を限定せずに羅列するパターンもあり，たとえば2年度の国家専門職［大卒］は5つの選択肢を中東，香港，英国，米国，ブラジルで組んだ。また，国家総合職では，4年度に5つの選択肢をベラルーシ，中国，ミャンマー，ベネズエラ，日本の地域連携で，5年度にはスリランカ，英国，米国，韓国，そしてNATOへの新規加盟国で組んだ。

出題が多いのは欧米主要国の政治情勢。特に国政選挙や政権交代があった国は要注意だ。事実，特別区［Ⅰ類］は4年度に前年のドイツの政権交代を，5年度にやはり前年のイギリス新首相について出題した。

「地域機構」も有望

国際政治の時事では「地域機構」も要注意テーマ。EUの時事情勢はもちろん，**ASEANやAPEC**の動向なども押さえておきたい。ちなみに，5年度は東京都［Ⅰ類B］の社会事情でASEAN＋3やAPECが選択肢入りした。

言うまでもなく，地域機構は専門科目の国際関係でも重要出題テーマ。たとえば国家総合職では，3年度にEUを，5年度にはASEAN，APECなどを出題した。基礎知識に加えて時事対策もしっかりしておこう。

 今年の注目はこれ！

今年の注目は岸田首相が誇るG7広島サミット（p.14）。G7が合意したウクライナ支援や核軍縮に加え，岸田首相の外交姿勢まで問う問題となるだろう。核軍縮を出題テーマにして，選択肢にイランや北朝鮮の核開発を入れる可能性もある。

大統領選挙が行われる年なので，アメリカ政治の出題にも注意が必要。こちらもバイデン政権の外交姿勢を中心とした問題になるはずだ。

暗記お助け

アメリカ情勢

ここに注目 大国間の対立が深まるなか, アメリカは日本にとって最重要パートナー。その政治動向は基本中の基本!

● 選挙

□ 2020年選挙‥‥2020年11月の大統領選挙では, オバマ政権で副大統領を務めた**民主党のバイデン氏**が, 現職大統領で共和党のトランプ氏よりも多くの「選挙人」を獲得して勝利。2021年1月に大統領に就任した。

□ 2022年選挙‥‥2022年11月, 連邦議会は「**中間選挙**」を実施。下院議員全員と上院議員の約3分の1が改選された。下院では, 2年ぶりに**共和党が過半数の議席を獲得**。一方, 上院では民主党が過半数を制した。

● バイデン外交

□ バイデン外交‥‥バイデン大統領は, 世界情勢について「**民主主義と専制主義（権威主義）の闘い**」になるという認識を表明。中国やロシアに対抗する姿勢を強くアピールしている。一方で, トランプ前政権の独自路線は修正。地球温暖化対策の国際的枠組みである「パリ協定」にも復帰した。

□ クアッド‥‥**日米豪印4か国の政治連携**。バイデン大統領の呼びかけで, 2021年にアメリカで初の首脳会議が開かれた。4か国は自由経済や民主政治といった基本的価値を共有し, 対中政策のほか, インフラ開発, 宇宙・サイバー技術, クリーンエネルギーなどでも協力を約束。首脳会議は毎年定例化され, 2022年には日本で開催された。

□ 民主主義サミット‥‥2021年に第1回, 2023年に第2回を開催。第2回会合には日本を含む120の国・地域が参加した。バイデン大統領はこの会議に台湾を招待。中国への対抗姿勢をあらわにした。

□ 日米韓安全保障協力‥‥2023年8月, バイデン大統領は日韓首脳をアメリカに招いて3者で会談。**日米韓の安全保障協力の拡大**で合意した。定例の首脳会合のほか, 閣僚会合なども実施する。

 AUKUS

アメリカ, イギリス, オーストラリアが2021年に創設した新たな安全保障の枠組み。3か国の頭文字からつくられた造語で, 「オーカス」と読む。

ねらいは, 太平洋地域で海洋進出を進める中国に対する軍事的抑止力の強化。米英はまずオーストラリアが進める原子力潜水艦の配備を支援する。

CHAPTER

2

国際政治

23

各国情勢

ここに注目　国際政治では各国情勢も頻繁に出題されている。主要国の政治情勢については，出題を前提に学習しておこう！

● ヨーロッパ情勢

□**フランス**‥‥2022年の**大統領選挙**では**マクロン氏**が**再選**。第１回投票は中道で現職のマクロン氏（共和国前進），極右のルペン氏（国民連合），極左のメランション氏（不屈のフランス）の三つどもえ。第２回投票に進んだマクロン氏とルペン氏の争いは，58.55％の票を得たマクロン氏が勝利した。

　一方，2022年の**国民議会選挙**では**与党が大敗**。マクロン大統領の支持勢力は議席を大幅に減らし，左右の急進政党が議席を伸ばした。

□**イギリス**‥‥2019年に就任した保守党のジョンソン首相は，**イギリスのEU離脱（ブレグジット）**を争点に総選挙を実施。保守党が大勝し，2020年のEU離脱を実現させた。2022年９月，支持率低迷によりジョンソン首相は退任。後継のトラス首相も失政により２か月もたたずに辞任し，10月にインド系のスナク氏が保守党党首となり，首相に就任した。

□**ドイツ**‥‥2021年の総選挙では，社会民主党が16年ぶりに第１党となり，メルケル首相を支えてきたキリスト教民主・社会同盟は第２党に転落した。第３党は緑の党，第４党は自由民主党となり，前回の選挙で躍進した極右政党「ドイツのための選択肢」は議席を減らした。

　連立協議の結果，**社会民主党，緑の党，自由民主党の３党連立政権が発足**。社会民主党のショルツ氏が首相に就任した。ショルツ首相は，外相・内相など閣僚の半数に女性を起用した。

□**イタリア**‥‥2021年に大連立政権が発足。欧州中央銀行前総裁のドラギ氏を首相とする実務型の内閣が誕生した。しかし，右派と左派のポピュリスト政党が参加した連立政権は安定せず，2022年にドラギ首相は辞任し，総選挙が行われた。勝利したのは右派連合。その中心を担った**極右政党「イタリアの同胞」**のメローニ党首が，イタリア初の女性首相に就任した。

□**ロシア**‥‥2018年の大統領選挙では，現職の**プーチン大統領が過去最高の得票率で再選**。2020年には，大統領の任期や政治機構の役割を変更する憲法改正案が国民投票で可決された。2021年のロシア下院選挙では，プーチン大統領の与党「統一ロシア」が第１党となった。

　2014年，プーチン政権はウクライナから領土を奪い取る政治戦略に着手。

まずクリミア半島をウクライナから独立させ，ロシアに併合した。ウクライナ東部でも分離独立派を支援。親ロシア派の支配地域の拡大を図った。

2022年2月には**ウクライナに対する「特別軍事作戦」**を開始。9月にはウクライナ東部と南部の支配地域で住民投票を実施し，大多数の賛成を得たとして，**占領地域4州のロシア連邦加盟を宣言した**。

□ベラルーシ‥‥2020年の大統領選挙で，現職の**ルカシェンコ大統領が再選**。選挙後しばらく独裁的支配に反発する市民のデモが続いた。

□ハンガリー‥‥2022年の議会選挙で**オルバン首相の与党が圧勝**。2010年に就任したオルバン首相は，反移民・反EUで知られ，中露とも友好的。

● アジア・太平洋情勢

□中国‥‥2018年の憲法改正で**国家主席の任期規定は撤廃**。習近平氏は2022年には慣例を破って共産党総書記に留任し，権力基盤を盤石にした。

2020年，中国は**香港国家安全維持法**を制定。重大犯罪については中国にも管轄権を付与するとした。

□韓国‥‥2022年の大統領選挙で「国民の力」（保守系）の**尹錫悦氏**（ユンソギョル）が当選。大統領に就任した。国会では2020年の総選挙に勝利した**革新系の「共に民主党」が多数**のため，政権運営には困難が伴っている。

□ミャンマー‥‥2020年の総選挙で国民民主連盟が軍部系政党を大きく上回る議席を獲得。しかし，2021年にミャンマー国軍がクーデターによって**武力で全権を掌握**。民主政権幹部を拘束し，総選挙の無効を宣言した。

□インド‥‥2019年のインド総選挙では，モディ首相が率いる**インド人民党が圧勝**。モディ首相の続投が決まった。

□フィリピン‥‥2022年の選挙で**大統領にマルコス氏**（元大統領の長男），**副大統領にドゥテルテ氏**（前大統領の長女）を選出。

□タイ‥‥2023年の総選挙で民主派の「前進党」が第1党に躍進。しかし，保守派の強い反発で第2党の**「タイ貢献党」が大連立政権を樹立**し，同党党首のセター氏が首相に就任した。

□オーストラリア‥‥2022年の総選挙で労働党が勝利し，9年ぶりに政権交代。**労働党のアルバニージー党首**が首相に就任した。

ウイグル人権問題

2021年，中国に暮らす少数民族のウイグル族（トルコ系イスラム教徒）が拷問や虐待を受けたり，強制労働させられたりしていることが発覚。中国政府はテロリストの再教育施設だと説明したが，国連や欧米諸国は国家的な人権抑圧事件として強く非難した。

アメリカは新疆（しんきょう）ウイグル自治区の特産品である「新疆綿」の輸入を禁止。さらに「ウイグル強制労働防止法」を定め，2022年6月から新疆ウイグル自治区が関与する全製品の輸入を禁止している。アメリカのほかEUやイギリスなども，新疆の共産党幹部や関連企業への制裁を行っている。

暗記お助け

中近東情勢は地図で整理

ここに注目 紛争が続く中近東。ここでは地図で国の位置を確認しながら，紛争の特徴を整理しよう！

☐ **パレスチナ**‥‥イスラエル領内のパレスチナ自治区はガザ地区とヨルダン川西岸地区の２か所で構成。独立を前提に自治政府の統治が認められているが，イスラエルとの対立は今も続いている。しかも，２地区は政治的分裂状態にあり，ガザ地区は原理主義組織「ハマス」が実効支配している。

☐ **シリア**‥‥アサド大統領の個人支配が続くシリアでは，2011年以降，米英などが支援する反政府勢力とロシアの支援を受ける政府軍との衝突が続いた。2018年にはアサド政権側が国土の大半を掌握したが，北部においてシリア対トルコの紛争が発生。ロシアが仲介して，2020年に停戦合意が成立した。

☐ **イエメン**‥‥2015年，**イスラム教シーア派の武装組織「フーシ」が北西部を支配**。スンニ派の政府（ハディ暫定大統領派）などとの間で内戦状態になっている。サウジアラビアなどが政府側に立って軍事介入。フーシはイランの支援を受けている。

☐ **サウジ・イラン国交正常化**‥‥2023年，７年前に国交を断絶した**サウジアラビアとイランが国交正常化で合意**。外交関係を再開させた。

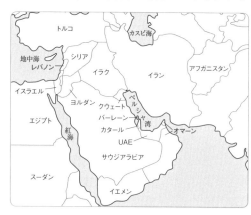

☐ **アフガニスタン**‥‥2021年，アフガニスタン駐留米軍が撤退。これを受けて，**イスラム原理主義組織「タリバン」**が勢力を拡大し，全土を制圧。新政権を樹立させたが，欧米諸国などは新政府として承認していない。

暗記お助け

核軍縮・核軍拡用語

ここに注目 核軍縮は日本国民の願い。平和国家の公務員を目指す以上，知っていて当然の知識だ！

● 核軍縮

☐ NPT‥‥**核不拡散条約**。核兵器が世界に広まらないようにするための条約。1968年調印（1970年発効）。ほとんどすべての国連加盟国が批准している。

☐ IAEA‥‥**国際原子力機関**。原子力問題を担当する国連関連機関で，加盟国の原子力施設に対し，安全性や悪用の有無などを調査する「査察」を行う。

☐ 核兵器禁止条約‥‥核兵器（あるいはその他の核爆発装置）の**開発，実験，製造，生産，獲得，保有，貯蔵のすべてを禁止する条約**。2017年に国連で採択された。122か国が賛成したが，核保有国や日本などは「核抑止」の政策的重要性を理由に参加していない。2021年に発効。

☐ 核兵器廃絶国際キャンペーン（ICAN）‥‥軍縮NGOの世界連合。核兵器禁止条約の採択に大きく貢献したとして**2017年のノーベル平和賞**を受けた。

● 核軍拡

☐ 北朝鮮の核実験‥‥北朝鮮は2006年から2017年まで**6回の核実験**を強行。最近の2回の核実験ではミサイル搭載可能な小型核弾頭の開発や，原爆よりも威力のある水爆の開発に成功したと発表した。

☐ イランの核開発‥‥2015年7月，**イランと米英仏露中独の6か国**は「**包括的共同行動計画**」に合意。イランは今後15年間，兵器に使える高濃縮ウランを製造しないことや，すでにある低濃縮ウランも保有量を一定以下に保つことを約束した。

2018年，アメリカのトランプ政権は，有効性に疑問があるとして，この「核合意」から離脱。独自に制裁を始めた。一方，イランは核開発に必要なウラン濃縮を再開した。2021年のイラン大統領選挙で保守強硬派のライシ氏が当選したことで，核合意の再建に向けた交渉は困難になっている。

国連の北朝鮮制裁決議

北朝鮮の核実験に対し，国連は2006年以降たびたび憲章第7章第41条に基づく経済制裁を実施。武器貿易の禁止や金融制裁などを行ってきた。

2016年からは北朝鮮の外貨獲得を阻止する規制を重視。加盟国に北朝鮮産の鉱物資源や繊維製品を輸入しないよう求めた。さらに2017年の追加制裁では，北朝鮮労働者の受け入れ禁止などを定めた。

地域機構一覧

地域機構は，国際政治ではもちろん，地域経済統合を扱う世界経済でも頻出。略称，加盟国，連携の特徴など，最低限の知識をしっかり頭に入れるのが肝要！

● ヨーロッパの地域機構

□EU（欧州連合）····ヨーロッパ27か国の地域機構。市場統合，経済・通貨統合のほか，多くの政策領域で統合を推進。

□ユーロ····EUの共通通貨。ただし導入しているのはEU加盟国では20か国。なお，通貨としてユーロを使用している地域は「ユーロ圏」と呼ばれている。

□イギリスのEU離脱（ブレグジット）····2016年，イギリスは国民投票でEUからの離脱を決定。2020年1月末にEUを離脱した。移行期間終了直前の2020年12月，イギリスはEUと新自由貿易協定を締結した。

● アジアの地域機構

□ASEAN（アセアン；東南アジア諸国連合）····加盟国は東南アジア10か国。2007年に「ASEAN憲章」を策定し，2008年に法的根拠を持つ多国間組織に移行した。2015年末には「ASEAN共同体」として，経済共同体（AEC），政治・安全保障共同体，社会・文化共同体の3つの共同体を創設した。2022年には東ティモールの加盟を承認（加盟時期は未定）。

□EAS（東アジア首脳会議）····2005年から開催されている東アジア地域諸国の首脳会議。参加国は当初16か国（ASEAN10か国，日，中，韓，豪，NZ，印）だったが，2011年の会議からは米露も加わって18か国になった。

□ASEM（アセム；アジア欧州会合）····アジアとヨーロッパの51か国と2つの国際機関（EUとASEAN）が参加。2年に1度，首脳会議を開催。

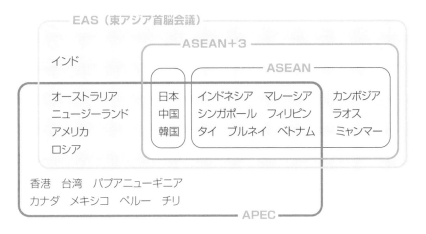

□APEC（エイペック；アジア太平洋経済協力会議）‥‥「**開かれた地域協力**」**を掲げるアジア・太平洋地域の経済協力機構**。加盟国は太平洋をぐるりと囲む21の国と地域（「地域」がつくのは台湾と香港が参加しているため）。

□SCO（上海協力機構）‥‥**中央アジア地域の安定を図る地域機構**。2001年発足。加盟国は中国，ロシア，カザフスタン，キルギス，タジキスタン，ウズベキスタン。経済や文化での協力に加え，テロ組織や分離独立運動への対処など政治的・軍事的な協力も重視している。2017年に**インド，パキスタンが加盟**し，2023年にはイランが正式に加盟。さらに周辺のユーラシア大陸諸国をオブザーバーやパートナーに加え，影響力強化を図っている。

● アジア以外の地域機構

□USMCA‥‥**米国・メキシコ・カナダ協定**。北米3か国は1994年に発効したNAFTA（北米自由貿易協定）に基づいて貿易自由化を進めてきたが，アメリカのトランプ政権の求めに応じて再交渉が行われ，2020年，原産地規制の強化などを盛り込んだ新協定が発効した。

□メルコスール（南米南部共同市場）‥‥**南米諸国の地域経済統合機構**。加盟国はブラジル，アルゼンチン，パラグアイ，ウルグアイなど。ほかに，チリ，コロンビア，ペルーなどが準加盟国。域内関税の原則撤廃と対外共通関税の設定（＝関税同盟）をすでに達成（準加盟国は域内関税撤廃のみ参加）。

□太平洋同盟‥‥**メキシコ，コロンビア，ペルー，チリが構成する地域経済機構**。2011年設立。2016年には加盟国間の貿易関税を92％撤廃した。アジア・太平洋地域との関係強化を目指す。日本もオブザーバー国に加わっている。

□AU（アフリカ連合）‥‥**アフリカの55の国と地域が加盟する世界最大の地域機構**。

国際政治の基礎問題

No. 1 多国間首脳外交に関する次の記述のうち,妥当なのはどれか。

1　G7サミット（主要国首脳会議）は,EU代表2人を含む9首脳の会合であり,新興国や途上国の首脳はまったく参加しない。

2　2023年のG7広島サミットでは,「核兵器のない世界の実現」を目指す「核軍縮に関するG7首脳広島ビジョン」が発表された。

3　2021年以降,日米豪加のクアッド首脳会合が定期開催されている。

4　2023年,日米韓は経済問題に絞って議論する定例首脳会合を始めた。

5　2023年,ロシアは東アジア首脳会議から脱退した。

No. 2 地域機構に関する次の記述のうち,妥当なのはどれか。

1　EU（欧州連合）の拡大は続いており,2021年にはウクライナがEU加盟を果たし,参加国は35か国となった。

2　USMCA（米国・メキシコ・カナダ協定）は,トランプ米大統領が一方的に推し進めたもので,カナダの反発により未批准のまま廃案となった。

3　ASEAN（東南アジア諸国連合）は,2015年に「ASEAN共同体」を創設した後,一部でEU型の通貨統合を実現させた。

4　SCO（上海協力機構）は,中国,ロシアと中央アジア諸国がつくった地域機構であるが,2023年にはイランが正式に加盟した。

5　EAS（東アジア首脳会議）は,ASEAN諸国と日本,中国,韓国の政策協調の場であり,拡大会合には印,露,豪もゲストとして参加する。

No. 3 核軍縮と核開発に関する次の記述のうち,妥当なのはどれか。

1　「核兵器禁止条約」は,条約の発効条件が満たされ2021年に発効したが,核保有国はもちろん,日本,韓国,NATO諸国などは参加していない。

2　「核兵器禁止条約」は新たな核兵器の開発と製造を禁止すると定めた条約で,旧型の核兵器の貯蔵は厳重な管理のもとであれば容認される。

3　アメリカのバイデン政権は,トランプ政権が離脱した「イラン核合意」への復帰を宣言した。

4　北朝鮮は頻繁にミサイル発射実験を繰り返しているが,これまで北朝鮮の弾道ミサイルが日本上空を通過したことはない。

5　北朝鮮のミサイル発射実験に対し,国連安全保障理事会は経済制裁を含む非難決議を採択し続けている。

正答と解説

No. 1 ▷正答 2

1 新興国や途上国の首脳も何人か招待され「G7拡大会合」に参加する。

2 **正解!** 米英仏は核保有国であるが，同ビジョンに賛同した。

3 クアッド首脳会合に参加するのは，カナダではなくインドである。

4 日米韓の定例首脳会合は安全保障協力を主眼としている。

5 ロシアは脱退していない。2023年の会議にはロシア外相が参加した。

No. 2 ▷正答 4

1 ウクライナは2022年に「加盟候補国」に加えられ，時間をかけて加盟交渉が行われる。またEU加盟国数は27である。

2 USMCAは2020年に発効した。自動車の原産地規制の厳格化や労働・環境規定の強化などが盛り込まれている。

3 ASEAN共同体は単一市場の実現を図るものであり，通貨統合については実現もしていないし，目指してもいない。

4 **正解!** SCOは経済だけでなく政治・軍事での協力も行う。2017年にはインドとパキスタンが加盟した。

5 EASには，ASEAN諸国と日中韓だけでなく，米，露，印，豪，ニュージーランドも正式メンバーとして参加している。

No. 3 ▷正答 1

1 **正解!** 50か国以上の批准という発効条件が整い発効した。ただし，日本を含め，記述にある国々は参加していない。

2 核兵器禁止条約は，核兵器の新規の製造・獲得などにとどまらず，既存の核兵器を含め，すべての核兵器の保有を禁止している。

3 バイデン政権はイラン核合意への復帰を表明していない。イランが核兵器開発を念頭にウラン濃縮レベルを引き上げているためと見られる。

4 たとえば2022年10月に打ち上げられたミサイルは日本上空を通過し，過去最長の約4600kmを飛んだ。

5 2018年以降，国連安全保障理事会は，中国とロシアの反対により，経済制裁や非難決議はもちろん，北朝鮮を非難する議長声明すら出していない。

国際政治の予想問題１

No. 4 近年のアメリカ政治に関する次の記述のうち，妥当なのはどれか。

1　トランプ前大統領は「民主主義と専制主義の闘い」を掲げ，中国との対決姿勢を明瞭に示した。一方，バイデン大統領は中国との対話の重要性を強調し，米中首脳会議の定例化を提唱した。

2　2021年，バイデン大統領は初の「民主主義サミット」を開催した。この会合には全EU加盟国や日本を含む110の国・地域が参加したが，中国への配慮から台湾は招待されなかった。

3　バイデン政権は同盟国との政治的・軍事的な連携を強化しており，2021年には新たな安全保障の枠組みとして，イギリス，オーストラリアと「AUKUS」を発足させた。

4　2022年，バイデン大統領のウクライナ支援に反発するアメリカ議会は，共和党主導でウクライナ支援の手続きを厳格化する「武器貸与法」を成立させた。

5　2022年のアメリカ連邦議会の中間選挙では，下院ではバイデン大統領を支持する民主党が過半数の議席を獲得したものの，上院では共和党が過半数を得た。

No. 5 アジア情勢に関する次の記述のうち，妥当なのはどれか。

1　中国共産党は2022年の党大会で，総書記の任期を２期10年までとする慣例を破って，習近平氏の３期目の総書記就任を決定した。国家主席の任期規定も2018年の憲法改正で撤廃されたことから，習氏は党と国家の両方で任期の制約を受けない最高指導者となった。

2　2022年３月の韓国大統領選挙では，保守系政党「国民の力」の尹錫悦氏^{ユンソギョル}が当選した。国会では同党の議員が多数を占めていることから，尹大統領は円滑な政権運営を続けている。

3　ミャンマーでは，2015年の総選挙の結果を受けて国民民主連盟による民主政権が成立したが，2020年の総選挙では軍部を母体とする連邦団結発展党が第１党となり，民主政権から軍事政権に移行した。

4　フィリピンでは，2022年５月の大統領選挙で，麻薬撲滅に力を入れてきたロドリゴ・ドゥテルテ大統領が再選された。ドゥテルテ大統領は，フェルディナンド・マルコス氏を２期目の副大統領に任命した。

5　タイでは，2023年５月の総選挙で民主派の「前進党」が，軍に近い保守系政党を抑えて第１党に躍進し，同党の党首であるセター氏を首相とする単独政権の樹立に成功した。

No. 4　▷正答　3

1　「民主主義と専制主義の闘い」を掲げたのは，トランプ大統領ではなく，バイデン大統領である。バイデン政権は中国に対する警戒感を強めており，米中首脳会議の定例化など提唱していない。

2　アメリカは第1回「民主主義サミット」に台湾を招待した。また，EU加盟国でも独裁色の濃いハンガリーは招待されなかった。なお，2023年3月には第2回が開催され，参加国・地域は120に増えた。

3　**正解！**　そのほか，バイデン政権は日米韓の安全保障協力についても強化を働きかけ，2023年の日米韓首脳会談で実現させた。

4　武器貸与法はバイデン政権を支持する民主党が主導して成立した。同法は軍事支援に関する手続きを簡略化し，大統領の権限で迅速に支援できるようにした。

5　上院と下院が反対である。共和党が過半数の議席を得たのは下院においてであり，上院では民主党が過半数を獲得した。

No. 5　▷正答　1

1　**正解！**　なお，習近平氏は人民解放軍の最高指導者（中央軍事委員会主席）も務め，政治の全分野で権力を掌握している。

2　国会で多数を占めているのは革新系野党の「共に民主党」である。尹錫悦大統領は2024年4月の次期総選挙まで，国会対策に苦労することになる。

3　2020年の総選挙でも国民民主連盟が勝利した。その後，これを不満とするミャンマー国軍はクーデターに訴え，武力で全権を掌握し，軍事政権を発足させた。

4　フィリピン憲法は大統領の任期を1期6年と定めており，再選はできない。また，フィリピンの副大統領は選挙で選出される。2022年の大統領・副大統領選挙では，大統領にフェルディナンド・マルコス氏が，副大統領にサラ・ドゥテルテ氏（ロドリゴ・ドゥテルテ前大統領の長女）が当選した。

5　「前進党」は第1党になったものの，保守派の強い反発があり，組閣できなかった。代わって，第2党の「タイ貢献党」が軍に近い保守系政党を含む11政党の大連立政権を樹立した。首相には「タイ貢献党」のセター氏が就任した。

 国際政治の予想問題２

No. 6 ヨーロッパ情勢に関する次の記述のうち，妥当なのはどれか。

1 2021年のドイツ連邦議会選挙では，「キリスト教民主・社会同盟」が第１党の地位を維持した。しかし，第２党の「社会民主党」は第３党の「緑の党」と「２位３位連合」を組み，連立政権を樹立させた。

2 2022年のフランス大統領選挙では，中道で現職のマクロン氏，極左のルペン氏，極右のメランション氏による決選投票が行われた。有権者は極端な政治的主張を嫌い，マクロン氏が得票率80％で圧勝した。

3 2022年，イギリスでは支持率の低下や閣僚の離反を受けてジョンソン首相が退任した。後継のトラス首相も大型減税提案の失敗により２か月もたたずに辞任し，10月にインド系のスナク氏が新首相に就任した。

4 2022年のイタリア総選挙では，中道左派の「イタリアの同胞」が上下両院で過半数を獲得した。首相には欧州中央銀行前総裁のドラギ氏が就任し，経済重視の実務型の内閣が誕生した。

5 コロナ禍とロシアのウクライナ侵略の影響により，2022年のスウェーデン総選挙でも2023年のフィンランド総選挙でも，労働者層への所得支援策を打ち出した左派政党が第１党となって政権を担うこととなった。

No. 7 近年の国際紛争に関する次の記述のうち，妥当なのはどれか。

1 2001年の「同時多発テロ」以降，アメリカはアフガニスタンで軍事作戦を続けてきたが，バイデン政権と反政府組織「タリバン」との長期にわたる交渉が実り，両者は2021年に和平交渉で合意し，米軍は撤退した。

2 米軍撤退が進められる中，アフガニスタンではイスラム原理主義組織「タリバン」が武力で支配地域の拡大を続け，2021年９月には全土を制圧したとして新政権の樹立を宣言した。

3 2022年２月，ロシアはウクライナに軍事侵略したが，これについて国連では，ロシアが拒否権を持つ安全保障理事会に代わって，総会が加盟国に対しロシアへの経済制裁を呼びかける決議を採択した。

4 2022年９月，ウクライナの東南部にある４州が住民投票によってロシア連邦加盟を宣言した。これについて，国連では安全保障理事会に住民投票の無効とロシアの即時撤退を求める非難決議が提出されたものの，ロシアの反対で討論も議決も行われなかった。

5 2023年10月，パレスチナのヨルダン川西岸地区からイスラム原理主義組織「ハマス」がイスラエルを攻撃し，これにイスラエルが報復する形で本格的な戦闘が始まった。

CHAPTER

2

国際政治

正答と解説

No. 6 ▷正答　3

1　「キリスト教民主・社会同盟」は第2党に転落し，代わって「社会民主党」が第1党となった。連立協議の後，2021年12月，「社会民主党」は「緑の党」と「自由民主党」とで3党連立政権を打ち立てた。

2　フランス大統領選挙の決選投票は上位2名で行われる。2022年選挙では，中道のマクロン氏と極右のルペン氏で争われ，マクロン氏が得票率59％で勝利した。

3　**正解！**　インド系のイギリス首相はもちろん史上初。また，42歳の若さでの首相就任は過去200年間で最年少となる。

4　イタリアでは，実務型内閣を率いてきたドラギ首相の辞任表明を受け，2022年に総選挙が実施された。勝利したのは極右政党「イタリアの同胞」を中心とした右派連合で，同党のメローニ党首が首相に就任した（イタリア初の女性首相）。

5　ロシアのウクライナ侵略の影響から，スウェーデンでもフィンランドでもナショナリズムの気運が高まり，中道右派が総選挙で勝利し，政権が交代した。両国とも極右政党も政権に協力している。

No. 7 ▷正答　2

1　タリバンと和平交渉で合意し，米軍の撤退を約束したのは，トランプ政権である。2020年のこの合意に基づき，2021年に米軍は撤退した。

2　**正解！**　2021年8月に米軍は撤退し，翌月にはタリバンが全土を掌握して，政権樹立を宣言した。

3　総会が採択したのは，ロシアの即時撤退を求める非難決議で，経済制裁などは盛り込まれていない（制裁は安全保障理事会で決議される）。ちなみに，日米欧の主要国などは自国の判断でロシアに対する経済制裁を実施している。

4　国連安保理ではこの非難決議の採決が行われ，15か国のうち10か国が賛成したが，ロシアの拒否権行使で否決された。なお，国連総会でも併合を違法で無効とする決議案が出され，こちらは賛成多数で採択された。

5　「ハマス」が拠点としているのは，パレスチナ自治区のうちのヨルダン川西岸地区ではなく，ガザ地区である。ちなみに，ガザ地区をハマスが掌握した2007年以降，パレスチナ自治政府がある西岸地区とガザ地区は政治的な分裂状態にある。

第3章 日本経済

●過去問研究

まずはやっぱり「成長率」

　日本経済の動向を示す経済指標についての問題は，専門試験で経済事情のある国家総合職・国家一般職［大卒］を中心に数多く出されてきた。また，国家公務員試験では，基礎能力試験でも出題されたことがある。

　経済指標のうち，**出題が多いのは日本経済の全体動向を示す「経済成長率」**。経済成長率に関係する「個人消費」や「設備投資」といった内需の動きも頻出事項だ。

雇用や物価にも注目

　労働関係では，「**有効求人倍率**」や「**完全失業率**」に注意が必要。「**賃金**」や「**就業者（雇用者）数**」も出ることがある。

　物価統計も忘れてはならない。「**消費者物価**」はデフレからの脱却という政策課題にかかわる重要な統計だ。

　このほか，貿易関連では「**経常収支（貿易収支などを含む）**」，企業活動では「**企業収益**」や「**生産**」に注意しておこう。

経済統計には効率的な対策を

　経済指標については『経済財政白書』の分析をベースに問われるのが一般的。どの指標がどう出題されるのかは白書の記述によるところが大きい。出題では，細かな数値が問われることもある。完全にフォローすることは至難の業だ。

　というより，そんなことに時間を割くのは効率が悪すぎる。問題を解くときには，上記の経済統計についての選択肢の正誤判断をきちんとして，まず選択肢を絞り込むことが大切だ。知らない統計数値が出ていても焦らず，経済動向などを考えながら，内容に矛盾がないかを判断しよう。

経済財政白書は読むべき？

　日本経済についての出題は，当然のことながら『経済財政白書』がネタ元となっていることが多い。試験対策としては白書を熟読するのが理想だ。

　だが，時間的制約もあるし，内容もかなり専門的。まずは本書の姉妹編である『速攻の時事』を読んで要点を押さえ，それから白書に取り組むのが得策だろう。

日本の景気動向

 日本経済についてまず学ぶべきは景気に関する基本用語。戦後の主な景気拡張期間も把握しておこう!

● 景気基本用語

□ **景気**‥‥経済全体の活動状況を表す言葉。「景気の波」というように,景気はよくなったり悪くなったりする。景気の動きは,多くの統計を駆使して判断されている。

□ **景気の山と谷**‥‥景気の波が反転するところ。上向きだった景気が下降に転じるところが「景気の山」,悪かった景気が上昇に転じるところが「景気の谷」。「谷」に来ることを「底入れ」したともいう。

□ **景気拡張と景気後退**‥‥景気の変化の方向性を表す言葉。景気が谷から山の間にある状態が「景気拡張」。反対に,景気が山から谷の間にある状態が「景気後退」。ともに「局面」をつけて使う。

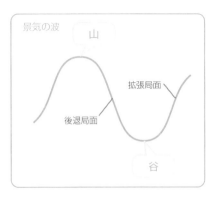

● 戦後の主な景気拡張期間

名　称	長　さ	期　間
第14循環拡張期間	73か月	2002年 2 月 ～ 2008年 2 月
第16循環拡張期間	71か月	2012年12月 ～ 2018年10月
いざなぎ景気	57か月	1965年11月 ～ 1970年 7 月
バブル景気	51か月	1986年12月 ～ 1991年 2 月

＊戦後最長の景気拡張期は第14循環拡張期間。「いざなみ景気」と呼ばれることもある。

＊なお,内閣府は2020年5月を景気の谷と認定(日本経済は2018年11月から2020年5月まで景気後退局面にあった)。

基本は「経済成長率」

ここに注目 経済時事で最も重要なのは「経済成長率」。ここでは，関連用語とともに一気に整理！

☐ 経済成長率‥‥GDP（国内総生産）の伸び率。％で表され，暦年・年度ごとの動き（前年比・前年度比）や1－3月期など四半期ごとの動きが注目される。

　このうち，四半期の動きについては，前年同期比を見ることもあるが，季節的な要因による変動を取り除いた「季節調整値」の前期比（季節調整済前期比）に注目するのが一般的だ。

☐ 内需と外需‥‥**国内の需要と海外からの需要**。日本経済を成長させるには，日本でつくられるものが国内・海外を問わず売れてくれればよい。つまり，内需または外需が増えれば，日本経済は成長する。

☐ 民間需要‥‥**家計や企業からの需要**。内需には，民間需要と公的需要（政府消費や公共投資）がある。民間需要のうち，試験対策上特に重要なのは，家計からの需要である「個人消費」と企業からの需要である「設備投資」の2つだ。

名目と実質

「名目－物価変動＝実質」

　経済統計にはよく「名目」と「実質」という言葉が出てくる。物価が違うと，金額で示される数値を比較するときに困るからだ。そのために物価上昇率（下落率）を差し引いたものを「実質」と呼ぶ。

　たとえば，「名目経済成長率」が5％であっても，物価が違うと，「実質経済成長率」は違う。物価が3％上がったときには2％だが，3％下がったときには8％となる。

　一般的には，単に経済成長率というと「実質経済成長率」のことをさす。ただし，デフレ脱却に向けて物価動向が注目される昨今は名目値も話題となるので注意が必要だ。

☐ 個人消費‥‥家計からの需要で，GDP統計では「**民間最終消費支出**」。個人消費はGDPの半分以上を占め，その動きは経済成長率の変動に直結する。

☐ 設備投資‥‥企業からの需要で，GDP統計では「**民間企業設備投資**」。設備投資は景気に大きな弾みをつける原動力になり，景気循環をもたらす要因ともなる。

	2022年度	2022年（四半期）			2023年（四半期）		
		4-6月期	7-9月期	10-12月期	1-3月期	4-6月期	7-9月期
実質GDP成長率	1.5	1.1	−0.1	0.2	1.2	0.9	−0.7

四半期は季節調整済前期比，単位は％，2023年12月末現在の公表値
（GDP統計の数値は改定されるため，2023年の『経済財政白書』の数値とは異なるので注意）

暗記お助け

「物価統計」をマスター

ココに注目 今度は「物価」関連の統計だ。物価については、「上昇」しているのか「下落」しているのか、という動きに注意しよう！

□**消費者物価指数**‥‥消費者が購入する財やサービスの価格を総合した「物価」を表す指標。基準年からの変化を示す「指数」で表される。

　統計の対象品目すべてを含む「総合指数」や、価格変動の大きい生鮮食品を除いた「**生鮮食品を除く総合指数（コア指数）**」などを総務省統計局が発表している。

　ニュースでよく取り上げられるのは、前年同月との比較。季節によって買うものが違うので、同じ時期を比べて変化を見るのだ。試験対策としては、こうした数値の推移に注目しよう。

□**企業物価指数**‥‥企業間で取引される財の価格をまとめた物価を表す指標。国内で生産した国内市場向けの財に関する「国内企業物価」などを日本銀行が発表している。

□**GDPデフレーター**‥‥国内要因の物価変動の程度を表す指標。名目GDPを実質GDPで割ったもの。

□**インフレ**‥‥**物価の継続的上昇。**インフレーションの略。

□**デフレ**‥‥**物価の継続的下落。**デフレーションの略。

□**デフレ脱却**‥‥政府の定義は「物価が持続的に下落する状況を脱し、再びそうした状況に戻る見込みがないこと」。2023年末時点では、デフレ脱却宣言は出されていない。

□**スタグフレーション**‥‥インフレと不況が同時に生じる状況。

株価

　株価は、本来、企業利益の見通しを反映して上下する。その総体としての株式市場の動きは、企業活動に支えられた日本経済の先行きに対する評価ともいえる。株式を持っていなくても関心を持つべき統計だ。

　代表的な株価指数に「日経平均株価」や「TOPIX（トピックス）＝東証株価指数」がある。なお、東京証券取引所は、2022年4月、従来の市場1部、市場2部、マザーズ、JASDAQ（ジャスダック）の4市場をプライム、スタンダード、グロースの3市場に再編した。

	消費者物価上昇率 （総合指数）	消費者物価上昇率 （コア指数）	国内企業物価上昇率
2022年度	3.2%	3.0%	9.5%

「労働統計」をマスター

ここに注目 次は「労働統計」だ。試験でよく問われるのは，完全失業率。今一度，どのようなものか確認しておこう！

□ **完全失業者**‥‥職に就いておらず，就職活動をしている満15歳以上の人。職を探していても，ときどきアルバイトをして暮らしている人は「完全失業者」ではない。完全に失業していないと「完全失業者」にはならないのだ。なお，1年以上失業している人は「長期失業者」と呼ばれる。

15歳以上人口 ── 労働力人口 ── 完全失業者 / 就業者
15歳以上人口 ── 非労働力人口

□ **労働力人口**‥‥就業者と完全失業者の合計。この人口が15歳以上人口に占める割合を「労働力率」という。なお，就業者は「自営業主」「家族従業者」「雇用者」に分かれる。

□ **完全失業率**‥‥**労働力人口に占める完全失業者の割合。**試験対策上，重要な統計。

□ **有効求人倍率**‥‥**職を求める人に対し，企業などからの求人がどれだけあるかを倍率で示した統計。**好況で求職者数に比べて求人数が多いと1倍を超えるし，不況で求人が相対的に少なければ1倍を下回る。

有効求人倍率は，ハローワークにおける統計。ハローワークの有効期間内（申し込みの翌々月まで）の数値をもとにしているので「有効」という一言がついている。

なお，ハローワークでは「新規求人倍率」（＝その月の新規の求人数と求職数の倍率）も出している。

有効求人倍率＝有効求人者数÷有効求職者数
1倍を超える……労働市場は需要超過（人手不足）
1倍を下回る……労働市場は供給超過（人余り）

	完全失業者数	完全失業率	有効求人倍率
2022年	179万人 （前年より16万人減）	2.6% （前年より0.2ポイント低下）	1.28倍 （前年より0.15ポイント上昇）

「国際収支統計」をマスター

ココに注目 最後は「国際収支統計」。対外経済取引にかかわる統計だ。特に経常収支とその内訳に注意しておきたい！

☐ 国際収支‥‥日本の居住者と海外の居住者の間の経済取引すべてを分類・記録した統計。この統計は「収支」なので，入ってきた分と出ていった分の差し引きを赤字か黒字かで表すのが基本だ。国際収支の主要項目は「経常収支」「金融収支」「資本移転等収支」の３つ。試験対策上，重要なのは「経常収支」。その実績をまとめたのが一番下の表だ。

☐ 経常収支‥‥「貿易・サービス収支」「第一次所得収支」「第二次所得収支」の合計。「貿易・サービス収支」は，財の輸出入に関する「貿易収支」とサービスの取引に関する「サービス収支」に分けてコメントされることも多い。「サービス収支」には旅行や輸送などが含まれる。

　「第一次所得収支」は，海外からの利子・配当金といった投資収益に関する収支。「第二次所得収支」は官民の無償資金協力など，対価を伴わない資産の提供についての収支を表す。

☐ 金融収支‥‥金融資産にかかわる国際間の取引の収支。中心となるのは，「直接投資」や「証券投資」などの投資収支で，ほかに「外貨準備増減」などがある。

☐ 直接投資‥‥投資先企業の経営を目的とした国際的な投資。しばしば「直投」と略される。海外から日本への投資は「対内直接投資」，日本から海外への投資は「対外直接投資」と呼ばれる。

 貿易統計

　国際収支とは別に「貿易統計」も対外経済取引では重要な統計。品目ごとと相手国ごとに，輸出と輸入の金額や数量を調べている。

　この統計があると，「アメリカ向け輸送用機器の輸出増加が輸出額の増加に大きく寄与した」といった分析が可能になる。

2022年の経常収支		
経常収支	10兆7144億円	（前年は 21兆4851億円）
貿易収支	▲15兆7436億円	（前年は 1兆7623億円）
サービス収支	▲5兆5288億円	（前年は ▲4兆2457億円）
第一次所得収支	34兆4621億円	（前年は 26兆3277億円）

（▲は赤字）

日本経済の基礎問題

No. 1 日本経済に関する次の記述のうち，妥当なのはどれか。

1 2021年度の実質GDP成長率は，コロナ感染の再拡大の影響により，2年連続でマイナスとなった。

2 2022年度の実質GDP成長率は，個人消費や設備投資などの内需に支えられ，3％を超えた。

3 2023年4－6月期の実質GDPは過去最大水準となった。

4 2022年の実質GDP成長率に対する外需の寄与はプラスだった。

5 内閣府は2020年5月を景気の山と認定した。

No. 2 日本の労働に関する次の記述のうち，妥当なのはどれか。

1 2022年平均の完全失業率は4％台に上昇した。

2 2022年平均の有効求人倍率は1倍を下回った。

3 2022年の雇用者数は前年より25万人増加した。

4 2022年の就業者数は，雇用者数が増加した一方，自営業主・家族従業者数が大きく減少したため，前年より10万人減少した。

5 2022年の完全失業者は300万人を上回った。

No. 3 日本の経常収支に関する次の記述のうち，妥当なのはどれか。

1 2022年の経常収支を月次データで見ると，すべての月において黒字を計上した。

2 2022年の貿易収支を月次データで見ると，10月を除くすべての月において黒字を計上した。

3 2022年のサービス収支を月次データで見ると，水際対策の大幅緩和を受けて訪日旅行外国人数が急増し，旅行収支の黒字幅が大幅に拡大したことにより10月に黒字に転じ，その後も12月まで黒字を計上した。

4 2022年のサービス収支の「その他サービス収支」の内訳では，「知的財産権等使用料」が赤字だった一方，「保険・年金サービス」「通信・コンピュータ・情報サービス」「その他業務サービス」は黒字だった。

5 2022年の第一次所得収支は，子会社の収益改善や円安を受けて直接投資収益を中心に増加し，大幅な黒字を計上した。

問題演習 正答と解説

No. 1
▷正答　3

1　2021年度の実質GDP成長率はプラスに転じた。
2　2022年度の実質GDP成長率は1％台だった。
3　**正解！**　実質GDPは2022年4－6月期以降，同年7－9月期を除けば，2023年4－6月期まで前期比で増加を続けた。
4　2022年の実質GDP成長率に対する外需の寄与はマイナスだった。
5　内閣府は2020年5月を景気の谷と認定した。

No. 2
▷正答　3

1　2022年平均の完全失業率は2.6％で，前年より低下した。
2　2022年平均の有効求人倍率は1.28倍だった。
3　**正解！**　2022年の雇用者数は6041万人となった。
4　自営業主・家族従業者数は減少したが，雇用者数が大きく増加したため，2022年の就業者数（6723万人）は，前年より10万人増加した。
5　2022年の完全失業者数は179万人だった。

No. 3
▷正答　5

1　資源価格の上昇等で貿易赤字が大幅に拡大し，2022年8月と10月の経常収支は赤字を計上した。
2　2022年の貿易収支は，すべての月において赤字を計上した。2022年全体の赤字額も過去最大となった。
3　2022年10月以降，旅行収支は黒字幅を拡大させたが，「その他サービス収支」が大幅な赤字を計上し，2022年のサービス収支はすべての月において赤字を計上した。
4　2022年の「その他サービス収支」では，「知的財産権等使用料」が黒字だった一方，「保険・年金サービス」「通信・コンピュータ・情報サービス」「その他業務サービス」は赤字だった。
5　**正解！**　第一次所得収支は貿易収支に代わって経常収支の黒字を支える存在となっている。

CHAPTER

3

日本経済

 日本経済の予想問題1

No. 4 日本の家計部門に関する次の記述のうち，妥当なのはどれか。

1 2022年度の形態別国内家計最終消費支出を見ると，旅行・外食等のサービス消費の回復が続いた一方，自動車などの耐久財支出は減少傾向で推移した。

2 総務省「家計調査」で2022年度の実質消費支出を見ると，全体の支出は低収入世帯（年収五分位別の第一・第二分位）と高収入世帯（年収五分位別の第四・第五分位）のどちらにおいても増加した。

3 総務省「家計調査」で2022年度の実質消費支出を見ると，衣服，家具・家電，自動車等の「選択的財」への支出は，低収入世帯で減少した一方，高収入世帯では増加した。

4 持家着工戸数は，2020年半ば〜2021年末にかけて住宅ローン減税制度等の住宅取得支援策の効果や郊外での住宅需要の高まりにより持ち直した。2022年には住宅価格が低下し，持家着工戸数は増加傾向で推移した。

5 2022年の住宅着工については，1戸当たりの床面積が貸家や分譲住宅で減少したものの，持家では増加傾向となった。これにより，2022年の着工床面積は増加傾向で推移した。

No. 5 日本の企業部門に関する次の記述のうち，妥当なのはどれか。

1 鉱工業生産は，輸送機械を中心に2022年4月と5月に大きく増加した後，夏にかけて一服した。秋以降は再び増加したが，2023年1月をピークにその後は徐々に減少した。

2 2022年度の企業収益は，製造業では売上高が増え続け，特に年度後半に増加した。一方，非製造業では売上高の増勢が鈍化し，年度後半に減少傾向となった。

3 企業の倒産件数（東京商工リサーチ「倒産月報」）は，コロナ禍で増加し，2021年1月〜2022年8月には1000件を超えて推移していたが，2022年9月以降は減少基調となり，2023年6月には約500件となった。

4 2022年度の民間企業設備投資は，企業収益が高水準となるなかキャッシュフローが増加していることに支えられ，名目ベースでは過去最高となった。

5 実質設備投資の動きを形態別に見ると，2022年1−3月期から2023年1−3月期にかけては，知的財産生産物（ソフトウェアや研究開発等）や輸送用機械（自動車等）への投資はともに増加基調で推移した。

No. 4 ▷正答　3

1　2022年度には，経済社会活動の正常化を受け，旅行・外食等のサービス消費の回復が続いた。年度後半には，半導体等の部材供給不足が緩和したため，自動車を中心に耐久消費財支出も増加した。

2　2022年度の実質消費支出は，低収入世帯では減少した一方，高収入世帯ではほぼ横ばいで推移した。

3　**正解！**　物価が上昇するなか，低収入世帯は生活必需品的ではない「選択的財」への消費を大きく抑制した。

4　持家着工戸数は，2020年半ば〜2021年末にかけて持ち直した。2022年には住宅価格が上昇し，持家着工戸数は減少傾向で推移した。

5　2022年の1戸当たりの床面積は，貸家で増加し，分譲住宅ではほぼ横ばいだった（貸家では2020年半ば以降在宅勤務の広がりで比較的床面積の大きい住宅への需要が高まった）。一方，持家の1戸当たりの床面積が減少し，2022年の着工床面積は減少傾向で推移した。

No. 5 ▷正答　4

1　鉱工業生産は，上海のロックダウンで部材供給不足となった2022年4月と5月に大きく減少した後，夏にかけて反発した。秋以降は少しずつ減少したが，2023年1月を底にその後は徐々に増勢を回復した。

2　製造業と非製造業が逆。製造業の業種別では，海外売上比率が高い輸送用機械や一般機械は円安の影響等で増益。一方，素材業種（パルプ・紙，非鉄金属，化学等）は原材料価格の高騰や輸入コスト増で大きく減益となった。

3　倒産件数は，コロナ禍に対応した政府の支援策（雇用調整助成金，持続化給付金，休業補償，実質無利子・無担保融資等）により低く抑えられ，2021年1月〜2022年8月には500件前後で推移した。2022年9月以降は600件前後に増え，2023年に入るとさらに増加し，6月には720件となった（ちなみに，コロナ前の2015〜2019年の平均値は704件）。

4　**正解！**　ただし，キャッシュフローの増加ほどに設備投資は増加せず，設備投資キャッシュフロー比率は歴史的に低い水準で推移した。

5　輸送用機械への投資は，供給制約により2022年前半に減少したが，その後供給制約が徐々に緩和され，2022年後半には増加した。知的財産生産物への投資は増加基調で推移したという点は正しい。

日本経済の予想問題2

No. 6　日本経済に関する次の記述のうち，妥当なのはどれか。

1　名目GDPは，2022年4－6月期以降，輸出が急増した2022年7－9月期を除けば前期比で減少し続け，2023年4－6月期には前年同期の水準を下回った。

2　2022年に雇用情勢が大きく改善し，2022年平均の完全失業率は前年より低下し，完全失業者数も前年より減少した。どちらの指標も2022年には，コロナ感染拡大前の2019年の水準を下回った。

3　2022年の一般労働者の現金給与総額は，所定内給与と所定外給与が前年に引き続き増加したことに加え，特別給与も増加に転じたことにより，コロナ感染拡大前の2019年を上回る水準となった。

4　政府は地域別最低賃金の全国加重平均を1000円以上とすることを目指しているが，2023年度の全国加重平均は1000円を下回り，政府目標は達成されなかった。

5　経済全体の需給状況を示すGDPギャップは，2022年にマイナス幅を縮小させ，2023年1－3月期にはプラスに転じ，物価を押し上げる要因となった。

No. 7　日本の物価に関する次の記述のうち，妥当なのはどれか。

1　輸入物価（円ベース）の前年比上昇率は，国際商品価格の上昇に伴って2022年秋以降加速し，2023年4月には鉱物性燃料（石油・石炭・天然ガス等）や金属・同製品等の価格が寄与し，30％を超える水準となった。

2　輸入財の価格変動の影響を受ける国内企業物価は，2022年12月に前年比上昇率が20％を超える水準となった。2023年に入ってからも，石油・石炭製品や非鉄金属等の価格上昇を反映し，国内企業物価の上昇率が加速した。

3　消費者物価（生鮮食品を除く総合指数）の上昇率は，2022年1月からのガソリン代・灯油代の激変緩和措置や10月からの全国旅行支援などの政策により押し下げられたものの，2023年1月には前年比で4％を超える水準となった。

4　2022年以降の消費者物価（生鮮食品を除く総合指数）の上昇は，エネルギーと食料によるところが大きく，2023年1月の上昇では両者で上昇率の約9割を占め，6月の上昇ではエネルギーだけで約3分の2を占めた。

5　消費者物価のうち，サービス物価の動きを見ると，2022年8月以降前年比で上昇するようになった。外食サービスの大幅な値上がり等を反映して2023年6月のサービス物価上昇率は5％を超え，財物価を上回った。

CHAPTER 3 日本経済

 正答と解説

No. 6

▷正答　3

1　名目GDPは，2022年4－6月期以降，輸入物価の上昇等で輸入が急増した7－9月期を除けば前期比で増加を続け，2023年4－6月期の名目GDPは過去最大となった。

2　2022年に雇用情勢が改善し，完全失業率は前年より低下し，完全失業者数も前年より減少した。しかし，どちらの指標も依然として2019年の水準を上回った。

3　**正解！**　なお，パートタイム労働者の現金給与総額も，2022年には所定内給与，所定外給与，特別給与のすべてが増加して，2019年を上回る水準となった。

4　2023年度の地域別最低賃金の全国加重平均は1004円と初めて1000円を上回り，政府目標を達成した。これを踏まえ，岸田首相は，2030年代半ばまでに1500円以上となることを目指すと表明した。

5　2023年1－3月期のGDPギャップは，マイナス幅が縮小したが，マイナスのままであり，物価を押し下げる要因となった。

No. 7

▷正答　3

1　国際商品価格の下落に伴い，輸入物価（円ベース）の前年比上昇率は2022年秋以降減速し，2023年4月にはマイナスに転じた（2年2か月ぶりのマイナス）。

2　国内企業物価は，2022年12月には前年比上昇率が10％超えの10.6％となった。2023年に入ると，輸入物価を遅れて反映する形で石油・石炭製品，非鉄金属等の価格が前年比で下落し，また鉄鋼の価格も上昇幅を縮小させ，国内企業物価の上昇率が減速した。

3　**正解！**　続く2023年2月には，電気・ガス代の激変緩和措置が消費者物価を引き下げ，前年比上昇率は3.1％に低下した。

4　2023年1月の上昇では食料とエネルギーの両者で上昇率の約7割を占め，6月の上昇では食料だけで約3分の2を占めた。

5　2023年6月のサービス物価上昇率は1.8％であり，財物価に比べ低かった。

CHAPTER

3

日本経済

第4章 経済政策

● 過去問研究

まずは日銀の金融政策に注目

　経済政策についての時事問題の**大半を占めるのは「金融政策」**。日本銀行の行う景気安定化策だ。出題が多いのは国家総合職や国家一般職［大卒］の専門試験の経済事情。だが，基礎能力試験でも，専門試験と変わりないレベルの問題が出されたことがある。

　国家総合職では，令和4年度の専門試験で選択肢の1つに金融政策が登場。国家一般職［大卒］の専門試験でも，元年度，2年度，5年度の試験で選択肢に登場した。加えて，4年度には1問まるごと金融政策の変遷を問う出題があった。このほか，元年度，2年度の国税・財務専門官の専門試験などでも取り上げられている。出題を前提に，きちんとフォローしておくのが得策だ。

総合的な経済対策に注意

　政府が行う経済政策で注目すべきは，**総合的な経済対策**。金融政策に比べると出題頻度は低いものの，令和5年度の東京都［I類B］の教養試験では2022年10月に策定された「物価高克服・経済再生実現のための総合経済対策」の内容を問う出題があった。

　岸田内閣も総合的な経済対策を策定。補正予算も組み，さまざまな施策を行ってきた。このほか，岸田内閣は「新しい資本主義」を提唱し，「経済安全保障」などを重視。時事対策上，無視は禁物だ。

通商政策では「EPA」に注目

　通商政策の定番テーマは「EPA（経済連携協定）」。日本経済の問題ではもちろん，国際政治や世界経済などの問題でもよく登場してきた。

　EPAについては，RCEPの発効やイギリスのCPTTP加入など話題が豊富。注意しておきたい。

観光は有望株！

　経済政策で，注目されるテーマの1つは観光。政府は観光を地域活性化の切り札，成長戦略の柱と位置づけ観光立国を目指すとしている。

　2023年に政府は新たな「観光立国推進基本計画」を決定。インバウンドも回復しており，観光政策は有望株。特に地方公務員受験者は，面接・論述試験まで意識しながら，しっかり地元ネタを研究しておくとよい。

「新しい資本主義」の姿

 岸田首相が提唱する「新しい資本主義」。図式化してポイントと主な政策をまとめておこう！

新しい資本主義

官民が協力して「成長も，分配も」実現

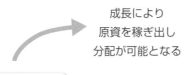

成長により
原資を稼ぎ出し
分配が可能となる

成長　　成長と分配の好循環　　分配

分配により
需要が増加し
成長力が強化され
次の成長につながる

主な政策

構造的賃上げの実現・分厚い中間層の形成

・リ・スキリングによる能力向上支援　　・資産所得倍増プランの推進
・個々の企業の実態に応じた職務給の導入　・家計所得の増大
・成長分野への労働移動の円滑化　　　・多様な働き方の促進

国内投資の活性化

・GX投資の拡大
・スタートアップの育成・公益活動の推進
・科学技術・イノベーションの推進
・インバウンドの拡大

デジタル社会への移行

・行政のデジタル化
・マイナンバー制度の利活用
・デジタル田園都市国家構想の実現
・AIへの取組

経済政策関連用語

ここに注目 政府が行う経済政策は多岐にわたる。試験対策上，押さえておきたい用語をまとめておこう！

☐ **人への投資**‥‥政府は，労働者の能力開発を支援し，労働移動を円滑化するための「施策パッケージ」を実施。2022年10月の総合経済対策で「**2022年からの5年間で1兆円規模**」に拡充した。

☐ **三位一体の労働市場改革の指針**‥‥2023年5月決定。①リ・スキリングによる能力向上支援，②個々の企業の実態に応じた職務給の導入，③成長分野への労働移動の円滑化の3つの改革を三位一体で進めるとした。

☐ **スタートアップ育成5か年計画**‥‥2022年決定。起業の加速と大企業のオープンイノベーション推進を通じ，スタートアップの育成環境を創出する。スタートアップへの投資額を2027年度までに10兆円規模に拡大することが目標。

☐ **経済安全保障推進法**‥‥2022年成立。①重要物資の安定供給の確保，②基幹インフラの安定提供の確保，③重要先端技術の開発支援，④特許出願の非公開制度の4つが柱。

☐ **デフレ完全脱却のための総合経済対策**‥‥2023年11月決定。柱は，①物価高から国民生活を守る，②持続的賃上げ，所得向上，地方の成長，③国内投資の促進，④人口減少を乗り越える，⑤安全・安心の確保の5つ。

☐ **年収の壁・支援強化パッケージ**‥‥2023年9月策定。パート労働者等が「年収の壁」を意識せずに働けるようにするための支援策。従業員100人超企業で週20時間以上勤務する場合に生じる「**106万円の壁**」については，賃上げ等で手取り収入が減らないよう取り組む企業に，労働者1人当たり最大50万円を支援。配偶者の扶養から外れる「**130万円の壁**」については，収入が一時的に上がった場合でも引き続き扶養に入り続けられる仕組みをつくる。

☐ **食料自給率**‥‥国内に供給される食料のうちの国内生産の割合を表す指標。なお，食料自給率では輸入飼料を使って国内で生産した畜産物を国産分にカウントしない。カウントする場合は「**食料国産率**」と呼ぶ。

食料自給率の目標	2022年度（実績）		2030年度
カロリーベース	38%	→	45%
生産額ベース	58%	→	75%

観光政策を考える

ここに注目 2023年には観光政策の基本計画やアクションプラン等が相次いで決定。
それぞれの内容を整理しておこう！

□観光立国推進基本計画‥‥2023年3月決定。観光立国の持続可能な形での復活に向け，観光の質的向上を象徴する「持続可能な観光」「消費額拡大」「地方誘客促進」の3つをキーワードに，**持続可能な観光地域づくり，インバウンド回復，国内交流拡大**に戦略的に取り組む。対象期間は2023〜2025年度の3年間。質の向上を重視する観点から，数値目標を設定した。

観光立国推進基本計画の目標

早期達成を目指す目標

訪日外国人旅行消費額　→　早期に5兆円

国内旅行消費額　→　早期に20兆円，2025年までに22兆円

2025年までの目標

持続可能な観光地域づくりに取り組む地域数　→　100地域

訪日外国人旅行消費額単価　→　20万円

訪日外国人旅行者1人当たり地方部宿泊数　→　2泊

訪日外国人旅行者数　→　2019年（3188万人）超え

日本人の海外旅行者数　→　2019年（2008万人）超え

アジア主要国における国際会議の開催件数に占める割合　→　アジア最大（3割以上）

日本人の地方部延べ宿泊者数　→　3.2億人泊

□**新時代のインバウンド拡大アクションプラン**‥‥2023年5月決定。従来の観光にとどまらず，**ビジネス，教育・研究，文化芸術・スポーツ・自然の3分野**での人的交流を促進。インバウンドの着実な拡大を図るとした。

□**オーバーツーリズムの未然防止・抑制に向けた対策パッケージ**‥‥2023年10月策定。観光客集中による過度の混雑やマナー違反への対応，地方部への誘客の推進，地域住民と協働した観光振興を図るとした。

観光 GDP

国内観光サービスの付加価値額。2019年の日本の観光GDPは11.2兆円にのぼる。

日本の観光GDP比率（全体のGDPに占める比率）は近年上昇傾向。インバウンドの増加とともに堅調に推移し，2019年には2.0%となった。ただし，日本の観光GDP比率は欧米先進国より低水準。日本を除くG7各国の平均（4.0%）を下回っている。

金融政策を考える

 日銀は大規模な金融緩和を実施。2013年以降の金融政策の運営方針の変遷をまとめておこう！

2013年1月 「物価安定の目標」導入 ── インフレターゲット！
　　目標＝消費者物価指数の前年比上昇率2%

2013年4月 「量的・質的金融緩和」── 操作目標はマネタリーベース
　　マネタリーベース：年間「約60〜70兆円」増加
　　長期国債買入れ：年間「約50兆円」増加，平均残存期間「7年程度」

2016年1月 「マイナス金利付き量的・質的金融緩和」
　　マネタリーベース：年間「約80兆円」増加（2014年10月〜）
　　金利：日銀当座預金の一部に−0.1%のマイナス金利
　　長期国債買入れ：年間「約80兆円」増加，平均残存期間「7〜12年程度」

2016年9月 「長短金利操作付き量的・質的金融緩和」── 操作目標は長短金利
　長短金利操作（イールドカーブ・コントロール）
　　短期金利：日銀当座預金の一部に−0.1%のマイナス金利
　　長期金利：10年物国債金利が0%程度で推移するよう誘導
　　長期国債買入れ：年間「約80兆円」をめどに増加，平均残存期間の定め廃止

2018年7月 「強力な金融緩和継続のための枠組み強化」
　長短金利操作（イールドカーブ・コントロール）
　　短期金利：日銀当座預金の一部に−0.1%のマイナス金利（適用分減少）
　　長期金利：10年物国債金利が0%程度で推移するよう誘導
　　　　金利水準の一定程度の変動を容認
　　長期国債買入れ：年間「約80兆円」をめどに増加，弾力的な買入れ

2020年4月 「金融緩和の強化」
　長短金利操作（イールドカーブ・コントロール）
　　短期金利と長期金利についての方針は変更なし
　　長期国債買入れ：上限を設けず必要な金額を買入れ

＊長期金利については許容する変動幅をしだいに拡大
　2021年3月　±0.25%程度　　　2022年12月　±0.5%程度
　2023年7月　±0.5%程度を目途　2023年10月　上限1.0%程度を目途

＊日銀は，長期国債以外の資産（ETF・J-REIT，CP・社債等）も買入れ。「資産買入れ方針」を定め，買入れ額を順次増額してきた。

暗記お助け

金融関係用語

ココに注目 金融関係の用語はなじみのないものが多く，難しく感じるかもしれない。話題の言葉も含めて金融関係用語をチェック！

□NISA（ニーサ）‥‥**少額投資非課税制度**。金融機関でNISA口座を開設して株や株式投資信託等を購入すると配当や売買益が非課税となる。下記の「資産所得倍増プラン」に基づき，2024年以降抜本的に改正。

新しいNISA	つみたて投資枠 併用可	成長投資枠
年間投資枠	120万円	240万円
非課税保有期間	無期限化	無期限化
非課税保有限度額	1800万円	
		うち，1200万円
口座開設期間	恒久化	恒久化
投資対象商品	一定の投資信託	株・投資信託等
利用者	18歳以上	18歳以上

□ iDeCo（イデコ）‥‥**個人型確定拠出年金**。個人で加入し，一定の掛け金を拠出して加入者本人が運用し，その運用結果に応じて年金を受け取る制度。

□資産所得倍増プラン‥‥2022年決定。家計の金融資産を貯蓄から投資にシフトさせ，金融資産所得を拡大させるためのプラン。

　同プランには，①**NISAの抜本的拡充・恒久化**（非課税期間の無期限化や投資上限額の引き上げ等），②**iDeCoの拡充**（加入可能年齢を70歳まで引き上げ等），③「金融経済教育推進機構（仮称）」の設立，④中立的なアドバイザーの認定制度の創設などが盛り込まれた。

　同プランの目標は，5年間でNISA総口座数を1700万から3400万へ倍増させ，NISA買付額を28兆円から56兆円に倍増させること。その後，家計の投資額（株式・投資信託・債券等の合計残高）の倍増を目指すとしている。

□暗号資産‥‥仮想通貨。**インターネット上で自由にやり取りされ，通貨のような機能を持つ電子データ**。たとえばビットコインやイーサリアムなど。

　日本では，利用者保護やマネー・ローンダリング対策の観点から，暗号資産交換業者には登録制が導入されている。なお2021年9月，中国人民銀行は暗号資産に関連する取引やサービスを全面的に禁止すると発表した。

通商政策を考える

 EPA／FTAは通商政策の要。EPA／FTAをはじめ，日本の通商政策を考えるうえで必要な用語を確認しておこう！

● EPA／FTAとは？

□FTA（自由貿易協定）‥‥特定の国・地域の間で，相互に物品の関税を撤廃したり，サービスへの外資規制を取り除いたりして，貿易の拡大を図る協定。

□EPA（経済連携協定）‥‥FTAに加え，投資，競争，人の移動の円滑化や経済諸制度の調和など，経済全般の連携強化を目指す総合的な協定。

> EPA（経済連携協定）
>
> FTA（自由貿易協定）
> ☆関税の削減・撤廃
> ☆サービス貿易への障壁撤廃
>
> ☆人的交流の拡大
> ☆投資規制撤廃・投資ルール整備
> ☆知的財産制度や競争政策の調和
> ☆各分野での協力

● 日本のEPA

□締結状況‥‥2023年12月末現在，日本が署名・発効したEPA／FTAは21。2022年1月にはRCEPが発効。

□TPP（環太平洋パートナーシップ）協定‥‥アジア太平洋地域の国々による包括的な広域経済連携協定。モノの関税の削減・撤廃だけでなく，サービスや投資の自由化も進め，さらに知的財産，電子商取引，環境など，幅広い分野で新たなルールを定める内容となっている。

　2016年2月に署名。だが，2017年1月にアメリカのトランプ大統領が離脱を表明し，発効できなくなった。

□CPTPP（包括的・先進的TPP協定）‥‥アメリカを除くTPP参加11か国による新協定。TPPの規定を基本的に維持しつつ，条文の一部を「凍結」（アメリカが参加するまで停止）した。2018年12月に発効。

　2023年7月，イギリスのCPTPPへの加入を承認。加盟国は12か国となる（シンガポール，ニュージーランド，チリ，ブルネイ，オーストラリア，ペルー，ベトナム，マレーシア，メキシコ，カナダ，日本，イギリス）。

□RCEP（アールセップ；地域的な包括的経済連携）‥‥ASEAN10か国に，日本，中国，韓国，オーストラリア，ニュージーランドの5か国を加えた15か国による包括的な広域経済連携協定。2022年1月に発効。

日本の発効済みEPAと発効年

アジア			
シンガポール	2002年	ASEAN全体	2008年
マレーシア	2006年	フィリピン	2008年
タイ	2007年	ベトナム	2009年
インドネシア	2008年	インド	2011年
ブルネイ	2008年	モンゴル	2016年

中南米	
メキシコ	2005年
チリ	2007年
ペルー	2012年

オセアニア	
オーストラリア	2015年

CPTPP	2018年
RCEP	2022年

ヨーロッパ	
スイス	2009年
EU	2019年
イギリス	2021年

＊TPPは2016年に署名

● 日米の貿易

□日米貿易協定‥‥2020年1月に発効。**農産品に課す日本側の関税撤廃・削減はTPP協定の範囲内に抑制**。また，コメについては関税撤廃・削減等の対象から除外。一方，**工業品に課す米国側の関税について自動車・同部品は継続協議**（「更なる交渉による関税撤廃」），その他は貿易量が多い品目を中心に関税を撤廃・削減。

□日米デジタル貿易協定‥‥2020年1月に発効。**インターネットを利用した商取引等に関するルールを規定**。両国間での電子的な送信への関税賦課の禁止，データローカライゼーションの禁止，ソフトウェアのソースコードやアルゴリズムの開示要求の禁止などを定めた。

● 新たな多国間連携

□IPEF（アイペフ；インド太平洋経済枠組み）‥‥**アメリカのバイデン大統領が提唱した新たな経済圏構想**。Indo-Pacific Economic Frameworkの略称。
　2022年5月に立ち上げを発表。同年9月の閣僚会合で交渉開始を決定。交渉分野は，①貿易，②サプライチェーン，③クリーン経済，④公正な経済の4分野。TPPなどと異なり，関税の引き下げや撤廃についての交渉は行わない。
　参加国は，アメリカ，日本，オーストラリア，ニュージーランド，韓国，インド，フィジー，ASEAN7か国（ブルネイ，インドネシア，マレーシア，フィリピン，シンガポール，タイ，ベトナム）の14か国（インドは「貿易」分野の交渉に不参加）。
　2023年11月の首脳会合は，**「サプライチェーン」を強化する協定に署名**し，**「クリーン経済」と「公正な経済」で実質合意**。重要鉱物のサプライチェーン強化に向けた枠組みを立ち上げるとした（「貿易」は引き続き協議）。

経済政策の予想問題1

No. 1 観光に関する次の記述のうち，妥当なのはどれか。

1　訪日外国人旅行者数は，コロナ禍前までは順調に増加を続け，2019年には4000万人を超えた。「2020年に4000万人」とする政府目標を1年前倒しで達成した。

2　2022年の訪日外国人旅行者数は，コロナ禍で大きく減少した2021年より大幅に増加し，500万人を超えた。一方，2022年の出国日本人数は2021年よりわずかに増加したが，100万人を下回った。

3　日本の観光GDP比率（GDP全体に占める観光GDPの比率）は，2019年に5％まで上昇し，日本を除くG7（アメリカ，カナダ，イギリス，ドイツ，フランス，イタリア）の各国平均を上回った。

4　2023年の観光立国推進基本計画は，持続可能な形での観光立国の復活に向け，「持続可能な観光地域づくり」「インバウンド回復」「国内交流拡大」の3つを基本方針に据えた。

5　2023年の観光立国推進基本計画は，2025年までに「訪日外国人旅行者数4000万人」「日本人の海外旅行者数3000万人」とする数値目標を掲げている。

No. 2 国際貿易に関する次の記述のうち，妥当なのはどれか。

1　2022年1月，ASEAN加盟10か国と日本，中国，インドの計13か国によって署名されたRCEP（地域的な包括的経済連携）が発効した。

2　2018年末に発効したCPTPP（包括的・先進的な環太平洋パートナーシップ協定）は，物品の貿易にかかわる関税を撤廃・削減するFTA（自由貿易協定）であり，関税以外の分野は対象としていない。

3　2023年7月，CPTPP閣僚会議はイギリスのCPTPPへの加入を正式に承認し，各国の閣僚が加入に関する議定書に署名した。イギリスは，当初から参加している11か国以外では初めての新規加入国となる。

4　アジア地域における二国間のEPAの締結状況を見ると，これまで日本はASEAN加盟国のすべてとEPA協定を発効させているが，2023年末時点においてASEAN以外のアジアの国で日本との二国間EPAが発効している国はない。

5　2022年3月末時点で発効・署名済みのEPA／FTAの相手国・地域との貿易について2022年の貿易総額に占める割合を見ると，日本では5割に満たず，中国や韓国の水準より低い。

正答と解説

No. 1 ▷正答 4

1 2019年の訪日外国人旅行者数は3188万人で, 4000万人を超えてはいない。2020年にはコロナ禍で412万人にまで激減し，「2020年に4000万人」とする政府目標は達成できなかった。

2 2022年の訪日外国人旅行者数は，2021年より大きく増え，383万人となった（500万人を超えてはいない）。2022年の出国日本人数も2021年より大幅に増加し，277万人となった（100万人を下回ってはいない）。

3 2019年の日本の観光GDP比率は2.0％で，日本を除くG7の各国平均（4.0％）を下回っており，日本の観光は付加価値額を高める余地があるといえる。観光庁も，観光の「稼げる地域・稼げる産業」への変革に向け，観光地・観光産業の再生・高付加価値化やDX推進等を支援している。

4 **正解！** 観光の質的向上を象徴する「持続可能な観光」「消費額拡大」「地方誘客促進」の３つをキーワードに観光政策を進める。

5 2023年の観光立国推進基本計画は，「訪日外国人旅行者数」と「日本人の海外旅行者数」については，2025年までに「2019年水準超え」とする目標を設定している。

No. 2 ▷正答 3

1 RCEPに署名したのは，ASEAN加盟10か国，日本，中国，韓国，オーストラリア，ニュージーランドの計15か国である。インドは，交渉参加国だったが，2019年11月に離脱を表明し，その後は参加しなかった。

2 CPTPPは物品の関税だけでなく，サービスや投資の自由化を進め，知的財産，金融サービス，電子商取引，国有企業，労働，環境など，幅広い分野で21世紀型のルールを構築する包括的な経済連携協定である。

3 **正解！** なお，CPTPPに対しては，中国，台湾，エクアドル，コスタリカ，ウルグアイが加入申請中である。

4 アジア地域では，インドやモンゴルとの二国間EPAが発効済みである。また，ASEAN加盟国のうち，カンボジア，ラオス，ミャンマーとの二国間EPAは締結されていない。ただし，これら３か国は，日ASEAN包括的経済連携協定でカバーされている。

5 日本の割合は77％に達した。韓国（77％）と同水準で，中国（48％）より高くなっている。

経済政策の予想問題２

No. 3　日本の経済政策に関する次の記述のうち，妥当なのはどれか。

1　2022年の資産所得倍増プランは，NISA（少額投資非課税制度）の口座数と買付額を5年間で倍増するとの目標を掲げ，2027年までに口座を開設した場合には非課税保有期間を無期限化するとした。

2　2023年5月，政府は三位一体の労働市場改革の指針を決定し，リ・スキリングによる能力向上支援，個々の企業の実態に応じた職務給の導入，成長分野への労働移動の円滑化の3つの改革を三位一体で進めるとした。

3　2023年11月に策定された「デフレ完全脱却のための総合経済対策」は，物価高への対応策として国民1人当たり4万円を支給し，さらに生活保護世帯には7万円を追加支給することを盛り込んだ。

4　2022年の経済安全保障推進法は，先端的な技術のうち，外部から不当に利用された場合等に国家・国民の安全を損なうおそれがあるものを「特定重要技術」とし，国の機関においてのみ研究開発を行うと定めた。

5　日本の農林水産物・食品の輸出額は近年拡大してきたが，2022年の実績では1兆円を下回った。政府はこれを2025年までに1兆円，2030年までに3兆円とすることを目指している。

No. 4　日本の金融政策に関する次の記述のうち，妥当なのはどれか。

1　日銀は2016年9月，「長短金利操作付き量的・質的金融緩和」の導入を決定し，短期金利については民間金融機関が保有する日銀当座預金のすべてに−1％のマイナス金利を適用するとした。

2　日銀は2016年9月，「長短金利操作付き量的・質的金融緩和」の導入を決定し，長期金利については10年物国債金利が1％程度で推移するよう，長期国債の買入れを行うとした。

3　日銀は2020年4月，長期国債の買入れ額について，保有残高の増加額のめどを年間約100兆円に引き上げたうえで弾力的な買入れを実施するとした。

4　日銀は2022年12月，金融市場調節方針を一部変更し，長期金利操作について10年物国債金利の誘導目標水準を0.5％程度に引き上げることを決定した。

5　日銀は2023年10月，長短金利操作の運用をさらに柔軟化することを決定した。長期金利の上限の目途を1.0％とし，大規模な国債買入れを継続するとした。

No. 3 ▷正答 2

1 NISAについては，投資可能期間を恒久化した（2027年までといった期間の限定を設けていない）。非課税保有期間の無期限化という点は正しい。

2 **正解！** 政府は，三位一体の労働市場改革により，客観性，透明性，公平性が確保される雇用システムへの転換を図り，構造的に賃金が上昇する仕組みをつくっていくとしている。

3 2023年11月の経済対策が盛り込んだのは，納税者と扶養家族に対する1人当たり4万円の定額減税である。1世帯当たり7万円を支給するのは住民税非課税世帯に対してである。

4 経済安全保障推進法は，「特定重要技術」について，国が民間企業に対し必要な情報提供や資金支援を行うことや，官民協議会を設置して支援すると定めた。

5 日本の農林水産物・食品の輸出額は2021年に1兆円を超え，2022年も1兆4148億円（前年比14.3％増）となった。政府は2025年までに2兆円，2030年までに5兆円とすることを目指している。

No. 4 ▷正答 5

1 短期金利については，民間金融機関が保有する日銀当座預金の「すべて」ではなく「一部」に，「－1％」ではなく「－0.1％」のマイナス金利を適用するとした。

2 長期金利については，10年物国債金利（長期金利の代表的な指標）の誘導目標を0％程度とするとした。

3 2020年4月に決定されたのは，長期国債買入れ額の上限撤廃である（10年物国債金利が0％程度で推移するよう，上限を設けず必要な金額の長期国債の買入れを行うとした）。

4 2022年12月には，長期金利について許容する変動幅を従来の±0.25％程度から±0.5％程度に拡大した。0％程度としてきた10年物国債金利の誘導目標水準を変更したわけではない。

5 **正解！** 日銀は，長期金利が1％を一定程度超えても容認するとした（10年物国債金利の誘導目標は0％程度を維持）。「指値オペ」についても，金利の実勢等を踏まえて利回りを適宜決定し，機動的に実施するとした。

CHAPTER **4** 経済政策

第5章 財政

● 過去問研究

まずは歳出入の内訳

　財政における**頻出テーマは前年度の一般会計当初予算**。よく出されてきたのは，**歳出の主要経費別内訳**だ。特に注意しなければならない歳出項目は「社会保障」。選択肢の常連だ。

　国家総合職の専門試験では，令和3年度と5年度に社会保障関係費が，4年度と5年度に防衛関係費が選択肢で取り上げられた。歳出内訳についての選択肢は，過去5年間の国家一般職［大卒］や国税・財務専門官の専門試験でも，ほぼ毎年登場している。

　一方，**歳入内訳**の出題も近年増えており，注意が必要だ。国家一般職［大卒］や国税・財務専門官の専門試験では，歳出と同じように過去5年間ずっと選択肢に登場し続けた。国家総合職でも平成28〜30年度にかけてと令和4年度に出題されていた。

　一般会計当初予算のほかに**今年の試験で注目すべきは「補正予算」**。令和5年度には，11月に補正予算が成立した。歳出・歳入ともにチェックしておきたい。

財政の国際比較にも目を配る

　各種試験で出題されうるもう1つの重要テーマは財政の国際比較。日本と，アメリカ，イギリス，フランス，ドイツの比較が一般的だが，イタリアが入ることもある。

　比較される内容で最も多いのは「財政収支」と「債務残高」。ともに対GDP比の数値が比べられる。

　財政の国際比較で用いられる主要指標であり，これが出るなら素直な問題といえる。いずれにしても，近年は，どちらの指標についても，日本の水準が悪いということを押さえておこう。

意外に出ている税制改正！

　税制改正については，国家・地方を問わず，多くの試験で出題実績がある。税制は年度ごとに改正されるので，時事問題にふさわしいのだ。

　試験対策としては，『速攻の時事』も参考にしながら，大きな改正を中心に内容を整理しておきたい。

財政用語を覚える

ここに注目 財政関係の用語には特殊ないい方をするものが多い。この際，耳慣れない言葉も一気に覚えてしまおう！

一般会計当初予算 （出題の中心は前年度の予算の内容）
「一般会計」となっているのは「特別会計」もあるから。
「当初予算」となっているのは「補正予算」や「暫定予算」があるから。

歳入 → 財政では収入を歳入と呼ぶ

租税及び印紙収入 （いわゆる税収）
歳入総額に占める割合を税収比率という！

公債金 （国債を発行して得られる収入）
歳入総額に占める割合を公債依存度という！

重要 公債依存度は，日本が，収入（＝歳入）のうち，どれだけの割合を借金（＝公債金）でまかなっているのかを示す重要な指標！

建設国債‥‥公共事業費をまかなうために発行。財政法第4条に基づく。資産が残るだけ赤字国債よりマシ！

赤字国債(特例国債)‥‥一般会計歳出の財源不足を補うために発行。財政法では発行が認められておらず，わざわざ特例法をつくって発行されている。

&

歳出 → 財政では支出を歳出と呼ぶ

一般歳出 （歳出から地方交付税交付金等と国債費を除いたもの）
重要 主要経費は次の4つ
社会保障関係費，文教・科学振興費
公共事業関係費，防衛関係費

地方交付税交付金‥‥自治体間の財政格差を縮小するため，国税収入（所得税，法人税，酒税，消費税，地方法人税）の一定割合を国が地方に交付する一般財源。

国債費 （国債の償還＝国の借金返済に充てられる費用）

歳出内訳をチェック

ここに注目 令和5年度一般会計当初予算の総額は，114.4兆円（前年度比6.3%増）。まず，歳出の内容を把握しておこう！

● 歳出の概要

□歳出の特徴‥‥社会保障関係費（32.3%），国債費（22.1%），地方交付税交付金等（14.3%）の3つで歳出全体の3分の2を上回っている。

□各歳出の増減率

令和4年度当初予算比

一般歳出‥‥‥‥‥‥‥‥+8.0%
国債費‥‥‥‥‥‥‥‥‥+3.7%
地方交付税交付金等‥‥+3.3%

● 一般歳出

□主要経費の増減率

令和4年度当初予算比

社会保障関係費‥‥‥‥+1.7%
文教・科学振興費‥‥‥‥+0.5%
（うち，科学振興費）‥‥+1.1%
防衛関係費‥‥‥‥‥‥‥+89.4%
（うち，防衛力強化資金繰入れを除く分）‥‥‥‥‥+26.4%
公共事業関係費‥‥‥‥+0.0%

令和5年度一般会計当初予算：歳出

国債費 25兆2503億円（22.1%）
利払費等 8兆4943億円（7.4%）
一般歳出 72兆7317億円（63.6%）
債務償還費 16兆7561億円（14.6%）
社会保障 36兆8889億円（32.3%）
地方交付税交付金等 16兆3992億円（14.3%）
一般会計歳出総額 114兆3812億円
防衛関係費（＊を除く）6兆7880億円（5.9%）
ウクライナ情勢経済緊急対応予備費 1兆円（0.9%）
その他 9兆1985億円（8.0%）
公共事業 6兆600億円（5.3%）
新型コロナ及び原油価格・物価高騰対策予備費 4兆円（3.5%）
防衛力強化資金繰入れ（＊）3兆3806億円（3.0%）
文教及び科学振興 5兆4158億円（4.7%）

エネルギー対策 8540億円（0.7%）
経済協力 5114億円（0.4%）
中小企業対策 1704億円（0.1%）
予備費 5000億円（0.4%）

社会保障関係費と国債費

一般会計歳出の主要経費について，赤字国債を発行しなくても予算編成ができた平成2年度（1990年度）予算と令和5年度予算を比べてみよう。増加が目立つのは「社会保障関係費」と「国債費」だ。この間，社会保障関係費は11.6兆円から36.9兆円に，国債費は14.3兆円から25.3兆円に増加した。歳出全体に占める社会保障関係費と国債費の割合も高まっている。政策の自由度が低下しているのは明らかだ。

歳入内訳をチェック

ここに注目 一般会計当初予算では歳入の内訳も重要。令和5年度一般会計歳入の概要に加えて，債務残高についてもまとめて整理！

歳入の概要

□歳入の特徴‥‥**全体の31％を公債金収入**（将来世代の負担となる借金）に頼っている。

□各歳入の増減率

令和4年度当初予算比

租税及び印紙収入‥‥‥‥＋6.4％

その他収入‥‥‥‥‥‥‥＋71.4％

公債金‥‥‥‥‥‥‥‥‥▲3.5％

（▲はマイナス）

令和5年度一般会計当初予算：歳入

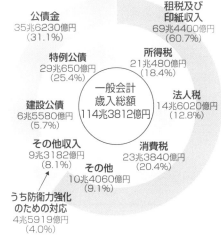

公債金
35兆6230億円
（31.1％）

特例公債
29兆650億円
（25.4％）

建設公債
6兆5580億円
（5.7％）

一般会計
歳入総額
114兆3812億円

租税及び
印紙収入
69兆4400億円
（60.7％）

所得税
21兆480億円
（18.4％）

法人税
14兆6020億円
（12.8％）

その他収入
9兆3182億円
（8.1％）

その他
10兆4060億円
（9.1％）

うち防衛力強化
のための対応
4兆5919億円
（4.0％）

消費税
23兆3840億円
（20.4％）

国債発行

□新規国債発行額‥‥**35兆6230億円**

うち建設国債‥‥　6兆5580億円

うち赤字国債‥‥29兆　650億円

□公債依存度‥‥‥‥‥‥‥‥**31.1％**

（税収比率は60.7％）

債務残高

□公債残高‥‥‥年々増加。**令和5年度末には約1068兆円**（建設国債は約294兆円，赤字国債は約769兆円）に達する見込み。

□国と地方の長期債務残高‥‥**令和5年度末には約1280兆円**に達する見込み（対GDP比218％）。

 国債発行計画

　国は新規国債のほか，借換債（満期が来た国債を借り換えるために発行される国債）なども発行。令和5年度から14年度にはGX投資に充てるGX経済移行債も発行する。これらを合わせた5年度の国債発行予定総額（当初予算）は205.8兆円（新規国債35.6兆円，GX経済移行債0.5兆円，財投債12兆円，借換債157.6兆円，復興債0.1兆円）。財投債や新規国債などが減少し，4年度当初予算に比べ9.3兆円減少した。

話題の財政用語

 ここに注目 財政時事では，一般会計当初予算関連以外にも押さえておきたい用語がある。論述や面接のことも意識しながら，話題の財政用語を覚えよう！

☐ 補正予算‥‥**予算が足りない場合や予算内容を変える必要が出てきた場合に，当初予算を補うために組まれる予算。**経済対策を策定した時などに編成される。

令和5年度は，11月に「デフレ完全脱却のための総合経済対策」の関係経費などを計上した補正予算が成立した。

補正予算を加えた令和5年度一般会計予算

歳　出		歳　入	
当初	114兆3812億円	税収	69兆6110億円
補正	13兆1992億円	その他収入	13兆4714億円
		公債金	44兆4980億円
		当初	35兆6230億円
		補正	8兆8750億円
計	127兆5804億円	計	127兆5804億円

☐ 基礎的財政収支‥‥**「税収・税外収入」から，「国債費（国債の元本返済や利子の支払い）を除く歳出」を差し引いた財政収支。**その年の国民生活に必要な政策的経費を，その年の税収等でどれだけまかなえているかを示す指標。「プライマリーバランス」とも呼ばれる。

☐ 特別会計‥‥**一般会計とは別に設けられている会計。**特定の事業を行う場合や特定の資金を運用する場合などに設けられる。

令和5年度，国は13の特別会計を設置している（年金特別会計，外国為替資金特別会計，東日本大震災復興特別会計など）。13の特別会計を単純合計した歳出総額は441.9兆円，会計間の重複計上等を除いた歳出純計額は197.3兆円にものぼる。歳出純計額の内訳は，多い順に国債償還費等，社会保障給付費，地方交付税交付金等，財政投融資資金への繰入れとなっている。

☐ 財政投融資‥‥**税負担によらず，国債の一種である財投債の発行などで調達した資金を財源に国が行う投融資活動。**民間では対応が難しい長期・低利の資金供給や大規模・超長期プロジェクトの実施が可能となる。

暗記お助け

地方財政の基礎用語

ここに注目 地方財政の用語も基礎から再確認しておこう。国の用語と勘違いしないように，区別をしっかりつけておくのがポイント！

地方財政の規模

意外なことかもしれないが，地方財政計画の総額は，国の一般会計予算の規模に迫る大きさとなっている。日本経済にとって地方財政の果たす役割は大きい。

令和5年度は，地方が92兆円，国（当初）が114.4兆円。

□ **普通会計**‥‥地方自治体の一般会計と特別会計（公営事業会計以外）を合わせたもの。国の一般会計と対比される。

□ **地方財政計画**‥‥全地方自治体の「普通会計」の総額の見込額。全国の自治体の翌年度の歳入歳出総額の見込みを合算したもので，地方の財政状況を表す。内閣が毎年度策定し，国会へ提出する。

□ **一般財源**‥‥地方自治体が自らの裁量で使える財源。使い道があらかじめ決められていない財源で，「地方税」「地方譲与税」「地方交付税」などから構成されている。

□ **特定財源**‥‥特定の事業目的のために使われる財源。使い道が決められている財源で，「国庫支出金（国の各府省が特定事業用に出した補助金）」や「地方債」（ただし，臨時財政対策債等は一般財源）などから構成されている。

□ **令和5年度地方財政計画**‥‥規模は**92兆350億円**（通常収支分）。前年度に比べ1兆4432億円（1.6％）増加した。歳出では，政策的経費である地方一般歳出は76兆4839億円。前年度に比べ6078億円（0.8％）増加した。

歳入では，**地方税が増加**（歳入全体の46.6％を占める）。一方，地方債は前年度に比べ7914億円減額。赤字公債である「臨時財政対策債」も7859億円減額され，過去最小となった。一般財源総額（交付団体ベース）は，前年度を1500億円上回る額（62兆1635億円）を確保した。

□ **地方財政健全化法**‥‥財政破綻に陥る前の早い段階で，**地方自治体に財政の健全化を促すための法律**。すべての自治体に対し，4つの財政指標の公表を義務づけた。

指標が一定の基準に収まっていない場合，その自治体は，財政の早期健全化を自主的に図るための「**財政健全化計画**」を策定しなければならない。さらに指標が悪い自治体には，国が関与して確実に財政の再生を図るための「**財政再生計画**」の策定が求められる。

CHAPTER **5** 財政

財政の基礎問題

No. 1 令和5年度一般会計当初予算に関する次の記述のうち，妥当なのはどれか。

1 予算の規模は，前年度当初予算より増加し，90兆円台となった。

2 一般歳出は，社会保障関係費が減少したため，前年度当初予算より減少した。

3 国債費は，債務償還費の減少により，前年度当初予算より減少した。

4 社会保障関係費，国債費，地方交付税交付金等の3つを合わせると，歳出全体の3分の2を上回っている。

5 税収見込み額は，前年度当初予算より減少し，50兆円台に落ち込んだ。

No. 2 日本の財政に関する次の記述のうち，妥当なのはどれか。

1 2023年6月の「経済財政運営と改革の基本方針2023」は，2018年の「新経済・財政再生計画」が設定した財政健全化目標を断念するとした。

2 令和5年度一般会計当初予算における消費税収は23兆円を超え，所得税収を上回ることが見込まれた。

3 令和5年度一般会計当初予算においては，新規国債発行額が前年度当初予算より増加し，公債依存度は40%を超えた。

4 令和5年度末の国と地方の長期債務残高は前年度末に比べて増加する見込みとなっているものの，依然として名目GDPを下回っている。

5 日本の国民負担率は50%を超えており，スウェーデンよりも高い。

No. 3 日本の地方財政に関する次の記述のうち，妥当なのはどれか。

1 令和5年度の地方財政計画（東日本大震災分を除く通常収支分，以下同）の歳出規模は，同年度の国の一般会計当初予算の歳出規模を上回っている。

2 令和5年度の地方財政計画の歳出では，地方一般歳出が前年度よりも減少した。

3 令和5年度地方財政計画の歳入では，地方税が約6割を占めている。

4 令和5年度地方財政計画の歳入では，財源不足を補うための赤字公債である臨時財政対策債が前年度よりも約7900億円増額された。

5 令和5年度末の地方の長期債務残高は，国の長期債務残高の6分の1程度となる見込みである。

No. 1　　　　　　　　　　　　　　　　　　　　　　　　　▷正答　4

1　予算規模は114.4兆円で，100兆円を超えている。

2　社会保障関係費は前年度に比べて増加し，一般歳出も増加した。

3　債務償還費は増加し，国債費は前年度より増加した（利払い費も増加）。

4　**正解！**　社会保障関係費が32.3％，国債費が22.1％，地方交付税交付金等が14.3％を占めている（合計68.7％）。

5　税収は前年度に比べ増加し，69.4兆円と見込まれた。

No. 2　　　　　　　　　　　　　　　　　　　　　　　　　▷正答　2

1　「基本方針2023」は，「財政健全化の『旗』を下ろさず，これまでの財政健全化目標に取り組む」と表明した（断念はしていない）。

2　**正解！**　消費税収は23.4兆円，所得税収は21兆円の見込み（法人税収は14.6兆円）。

3　新規国債発行額は前年度当初予算に比べ減少し，公債依存度は31.1％に低下した。

4　国と地方の長期債務残高は，名目GDPの2倍以上の膨大な額となることが見込まれている。

5　日本の国民負担率は40％台である。スウェーデンは54.5％（2020年）であり，日本のほうが低い。

No. 3　　　　　　　　　　　　　　　　　　　　　　　　　▷正答　5

1　地方財政計画の歳出規模（92兆円）は，同年度の国の一般会計当初予算の歳出規模（114.4兆円）を下回っている。

2　地方一般歳出は6078億円増加した。

3　地方税の占める割合は46.6％である。

4　臨時財政対策債は前年度よりも約7900億円減額された。

5　**正解！**　令和5年度末の長期債務残高は，地方が183兆円程度，国が1097兆円程度にのぼる見込みである。

 財政の予想問題1

No. 4 令和5年度一般会計当初予算に関する次の記述のうち，妥当なのはどれか。

1　税収の増加が見込まれたため，新規国債発行額は前年度当初予算に比べ大幅に減額され20兆円台となった。これにより，一般会計歳入の7割以上が税収によってまかなわれることになった。

2　国債費は，利子及び割引料が減少した一方，債務償還費が増加したため，前年度当初予算より増加して45.2兆円と過去最大となり，一般会計歳出全体の4割程度を占めるようになった。

3　社会保障関係費は，前年度当初予算より増加して26.9兆円となり，一般会計歳出全体の4分の1程度を占めているが，地方交付税交付金等の規模は下回っている。

4　公共事業関係費は，防災・減災，国土強靱化の推進のための経費が増えたため，前年度当初予算より増加して36.1兆円となった。

5　防衛関係費（防衛力強化資金繰入れ分を除く）は，新たな国家安全保障戦略等に基づき，防衛力整備計画の初年度として防衛力を抜本的に強化するための経費が計上されたことから，これまでの水準を大きく上回り，6.8兆円となった。

No. 5 日本の国債等に関する次の記述のうち，妥当なのはどれか。

1　令和5年度一般会計当初予算における歳入では公債金収入（新規国債発行額）が5割以上を占めている。その内訳では，赤字国債（特例国債）が建設公債の2倍程度の規模となっている。

2　令和5年度一般会計予算では，11月に13.2兆円規模の補正予算が成立し，その財源は建設国債のみによってまかなわれた。

3　令和5年度一般会計予算では，補正後に公債金収入（新規国債発行額）が40兆円を超え，公債依存度は約35％となった。

4　国債等（国債及び国庫短期証券）の保有構造を見ると，近年は海外投資家の保有割合が高まり，2022年末には2割を超えた。一方，国内の保有者では銀行等が全体の3割以上を占め，次いで日銀が2割程度を占めている。

5　日本の普通国債残高は増加の一途をたどっており，令和5年度末には1068兆円程度になることが見込まれている。その内訳を見ると，建設国債の残高のほうが赤字国債（特例国債）の残高を上回っている。

CHAPTER

5

財政

No. 4

▷正答　5

1　税収の増加が見込まれたため，新規国債発行額は前年度当初予算に比べ減額され35.6兆円となった。また，一般会計歳入のうち，税収がカバーするのは約6割（60.7%）である。

2　利子及び割引料（利払い費）も債務償還費も増えて，国債費は前年度より増加し，過去最大となった。その額は25.2兆円で，一般会計歳出の約2割（22.1%）を占める。

3　社会保障関係費は前年度当初予算より増加して36.9兆円となった。一般会計歳出に占める割合は3分の1弱（32.3%）であり，地方交付税交付金等（16.4兆円）の規模を上回っている。

4　公共事業関係費は，前年度当初予算に比べ微増し，6.1兆円となった。社会保障関係費が36.9兆円と知っていれば，公共事業関係費がそれとほぼ同額なのは多すぎるとわかる。

5　**正解！**　防衛力整備計画の初年度として，スタンド・オフ防衛能力，統合防空ミサイル防衛能力，施設整備などの重点分野を中心に，防衛力を抜本的に強化する。

No. 5

▷正答　3

1　令和5年度一般会計当初予算の歳入では公債金が31.1%を占めている。その内訳では，赤字国債（29.1兆円）が建設国債（6.6兆円）の4倍程度（4.4倍）の規模となっている。

2　令和5年度補正予算の財源は，建設国債に加え，税収や税外収入の増加分，前年度の剰余金，赤字国債によってまかなわれた。国債の内訳では，赤字国債（6.4兆円）が建設国債（2.5兆円）の2.5倍となっている。

3　**正解！**　新規国債発行額は44兆4789億円（当初予算35兆6230億円，補正予算8兆8750億円）にのぼった。公債依存度は，当初時の31.1%から補正後には34.9%に上昇した。

4　2022年末では，海外投資家の保有割合は約14%となっている。国内の保有者では，日銀が46.3%を占め，次いで生損保等が17.0%，銀行等が14.6%を占めている。

5　建設国債と赤字国債が逆。令和5年度末の残高は建設国債が約294兆円，赤字国債が約769兆円となる見込みであり，赤字国債は建設国債の2.6倍となっている。

CHAPTER 5　財政

問題演習 財政の予想問題2

No.6 日本の財政に関する次の記述のうち，妥当なのはどれか。

1 2021年度における社会保障給付費は50兆円程度にのぼった。部門別の内訳を見ると，「医療」が最も多く，次いで「福祉その他」「年金」の順になっている。

2 令和5年度の国債発行予定総額（当初予算）を見ると，新規国債のほか，約300兆円の借換債，約100兆円の財投債，約10兆円のGX経済移行債などを発行しており，これらを合わせた総額は500兆円を超えている。

3 特別会計について会計間相互の重複計上などを除外した歳出純計額は，令和5年度予算では約500兆円である。内訳では「社会保障給付」が最も多く，次いで「地方交付税等交付金等」「財政投融資資金への繰入れ」となっている。

4 国民負担率は，令和元年度（実績）から令和5年度（見通し）にかけて50%を超える水準で推移している。その内訳を見ると，一貫して社会保障負担率のほうが租税負担率を上回っている。

5 令和5年度税制改正により，NISA制度については口座開設可能期間が恒久化されるとともに非課税保有期間も無期限化され，また年間投資上限額が従来の制度より引き上げられるなど，抜本的拡充が図られた。

No.7 主要先進国（日本，アメリカ，イギリス，ドイツ，フランス，イタリア）の財政に関する次の記述のうち，妥当なのはどれか。

1 2009～2022年の「財政収支赤字の対GDP比」を一般政府ベースで見ると，一貫してフランスが日本よりも悪い水準で推移している。

2 2009～2022年の「債務残高の対GDP比」を一般政府ベースで見ると，主要先進国のなかではイタリアが日本に次いで高い水準で推移している。

3 2023年1月時点の法人実効税率を比べると，日本の税率は，ドイツと同程度の水準にあり，アメリカやイギリスの税率を下回っている。

4 2020年の国民負担率（日本は2020年度）を比べると，日本はドイツやフランスより高い水準にあるものの，アメリカやイギリスよりは低い水準となっている。

5 2020年の租税負担率（日本は2020年度）を比べると，日本はアメリカ，イギリス，フランス，ドイツのいずれの国の水準よりも高く，最も高い水準となっている。

No. 6　　　　　　　　　　　　　　　　　　　　　　　　　▷正答　5

1　2021年度の社会保障給付費は138.7兆円。部門別の内訳では，多い順に「年金」「医療」「福祉その他」となっている。

2　令和5年度の国債発行（当初予算）の内訳は，新規国債35.6兆円，GX経済移行債0.5兆円，財投債12兆円，借換債157.6兆円，復興債0.1兆円となっており，これらを合わせた総額は205.8兆円である。

3　特別会計の歳出純計額は，令和5年度予算では197.3兆円。内訳では「国債償還費等」が最も多く，次いで「社会保障給付費」「地方交付税交付金等」「財政投融資資金への繰入れ」となっている。

4　国民負担率は，令和元年度から令和5年度にかけて40％台で推移している。内訳では，一貫して租税負担率のほうが社会保障負担率を上回っている。

5　**正解！**　NISA制度における年間投資上限額は「つみたて投資枠」が120万円，「成長投資枠」が240万円に拡充された。また，生涯の非課税限度額は1800万円（うち「成長投資枠」は1200万円）と定められた。

No. 7　　　　　　　　　　　　　　　　　　　　　　　　　▷正答　2

1　一般政府の財政収支赤字の対GDP比は，2020・2021年を除き，日本のほうがフランスよりも悪い水準で推移してきた。

2　**正解！**　ちなみに日本の比率は，100％をはるかに超えて推移し（2010年以降は200％超），主要先進国のなかで最悪の水準にある。

3　日本の法人実効税率は，ドイツと同程度の水準にあり，アメリカやイギリスより高くなっている。

4　日本の国民負担率は，ドイツやフランスより低いが，アメリカやイギリスよりは高い。

5　日本の租税負担率は，イギリス，ドイツ，フランスより低く，アメリカより高い水準にある（アメリカに次いで低い水準にある）。

● 過去問研究

基本はやっぱり「米中欧」

　世界経済の出題の基本的内容は，実質GDP成長率をはじめとする主要国の経済指標についての記述。この「主要国」の中身だが，経済大国である**アメリカと中国が群を抜いて多く登場**してきた。次いで出題が多い国・地域は，ユーロ圏ならびにユーロ圏諸国（ドイツ，イタリアなど）。そしてイギリスと，欧州勢が並んでいる。

　令和5年度の専門試験では，国家総合職で5つの選択肢をアメリカだけで組む出題があり，別の問題ではイギリス，ユーロ圏，中国が選択肢に登場した。国家一般職［大卒］ではアメリカと中国が取り上げられた。。

　最近の注目株は新興国。中国に加え，インドやロシアなどの新興国が世界経済に占める割合は上昇している。新興国が存在感を増していくのに比例して，出題も増えていくのは当然だ。5年度の国家総合職の専門試験では，インドやベトナムが取り上げられた。

国当てクイズもちらほら

　世界経済でときおり出題されるのが，数値や記述がどの国・地域に該当するかを問う「国当てクイズ型」問題。国・地域名の正しい組合せを選ばせるのが一般的だ。

　この出題パターンは，令和4年度の国家一般職［大卒］と，4年度と5年度の国税・財務専門官の専門試験で見られた（取り上げられた国・地域の組合せは，それぞれ「ユーロ圏，イギリス，アメリカ，ロシア，トルコ」「世界全体，ユーロ圏，イギリス，インド」「ドイツ，ロシア，インド，ブラジル」）。**出題対象国は多岐にわたっている**。注意が必要だ。

金融政策にも注目！

　世界経済では，各国の金融政策についての出題も見られる。取り上げられやすいのは，やはりアメリカの金融政策だ。アメリカ経済で5つの選択肢が組まれるときには，その1つに登場する可能性が高い。

　アメリカの金融政策は，緩和から引締めに転じた。特に金利政策については，経緯をフォローしておきたい。

各国の主な経済指標

公務員試験に出そうな世界各国・地域についての主な経済指標の一覧表。
丸暗記する必要はないが，比較しながら，おおよその数値をつかんでおけ
ばきっと役に立つ！

2022年	1人当たり 名目GDP（ドル）	実質GDP 成長率 (%)	失業率 (%)	消費者物価 上昇率 (%)
アメリカ	76300	1.9	3.6	8.0
ユーロ圏	40800	3.4	6.7	8.4
ドイツ	48600	1.8	3.1	6.9
フランス	42400	2.5	7.3	5.2
イタリア	34100	3.7	8.1	8.1
スペイン	29400	5.8	12.9	8.4
イギリス	45300	4.3	3.7	9.1
ロシア	15400	− 2.1	3.9	13.8
中国	12800	3.0	5.6	2.0
インド	2400	7.2	−	6.7
インドネシア	4800	5.3	5.9	4.2
マレーシア	12400	8.7	3.8	3.4
フィリピン	3600	7.6	5.5	5.8
シンガポール	82800	3.6	2.1	6.1
タイ	7700	2.6	1.3	6.1
ベトナム	4100	8.0	2.3	3.2
ブラジル	9000	3.0	9.5	9.3
メキシコ	10900	3.9	3.3	7.9
アルゼンチン	13700	5.0	6.8	70.7
日本	33800	1.0	2.6	2.5

（インドは2022年度。2023年12月の内閣府資料による）

 ウクライナ経済

　ウクライナ経済は，2022年には大幅なマイナス成長。実質GDP成長率は−30.4%
と1991年の独立後で最低の成長率だった。ロシアの侵略でインフラが深刻な打撃を受
け，輸出を中心に経済活動が停滞した。
　主要輸出品目は，トウモロコシ（2021年世界第3位），ひまわり油（2021年世界第
1位），小麦（2021年世界第5位）。2022年の輸出金額はトウモロコシでは前年比でほ
ぼ横ばい。ひまわり油では前年比15%近く減少し，小麦ではほぼ半減した（『通商白書
2023』）。

アメリカの金融政策

 世界経済に大きな影響力を持つアメリカの金融政策。2020年のコロナショック後にとられた金利政策や量的緩和・引締め策の経緯を簡単にまとめておこう！

 金利政策

量的緩和・引締め

政策金利引き下げ

2020年3月3日
FF金利を0.5%引き下げ

2020年3月15日
FF金利を1.0%引き下げ
FF金利は「0〜0.25%」
（実質ゼロ金利）

政策金利引き上げ

2022年3月
FF金利を0.25%引き上げ

2022年5月
FF金利を0.5%引き上げ

2022年6, 7, 9, 11月
FF金利を0.75%ずつ引き上げ

2022年12月
FF金利を0.5%引き上げ

2023年2, 3, 5, 7月
FF金利を0.25%ずつ引き上げ
FF金利は「5.25〜5.5%」
（2023年12月末現在）

量的緩和　QE

2020年3月〜2022年3月
アメリカ国債等を買入れ

2021年11月〜2022年3月
テーパリング（量的緩和縮小）
買入れ額を段階的に縮小

量的引締め　QT

2022年6月〜
国債等の保有資産を削減
（満期で償還される国債等の
再投資を調整）

＊FF金利：アメリカの政策金利

世界経済の話題

ここに注目 世界経済の問題では，世界各国の経済情勢に加え，世界横断的な話題も取り上げられる。フォローすべき話題をまとめておこう！

□**グローバル・サウス**…**アジア，中東，アフリカ，中南米などの新興国や開発途上国の総称**。明確な定義はない。必ずしも南半球の国とは限らないが，南半球に位置する国が多いため，北半球に多い先進国との対比で，「サウス」の語が用いられるようになった。

□**グローバル・サウスの声サミット**（Voice of Global South Summit）…2023年1月，G20議長国のインドがオンラインで開催した会議。125か国の首脳や閣僚が参加し，G20に向けてグローバル・サウスの課題を議論した。

□**G20サミット**…**主要20か国・地域などによる金融・世界経済に関する首脳会合**。2008年以降，毎年開催されている。

2023年の首脳会合は**9月9日～10日**に**インドのニューデリー**で開催。岸田首相も参加した（中国の習近平国家主席とロシアのプーチン大統領は欠席）。首脳たちは「One Earth, One Family, One Future」のテーマの下，世界経済，食料安全保障，気候・エネルギー，開発，保健，デジタルなどの分野で議論。「**G20ニューデリー首脳宣言**」を採択した。首脳宣言には，2030年までの持続可能な開発目標（SDGs）の達成に向けた取組み加速や，持続可能な未来のためのグリーン開発などが盛り込まれた。なお，ウクライナに侵攻したロシアを名指しで非難する文言はなかった。

常任メンバーは，日本，アメリカ，イギリス，フランス，ドイツ，イタリア，カナダ，ロシア，中国，韓国，インド，インドネシア，ブラジル，アルゼンチン，メキシコ，オーストラリア，トルコ，サウジアラビア，南アフリカ共和国，EU。2023年の会合では，**AU（アフリカ連合）が常任メンバーに加わる**ことが承認された。

□**BRICS（ブリックス）**…**大きい人口，広い国土，豊かな天然資源を持つ新興5か国の総称**。ブラジル（Brazil），ロシア（Russia），インド（India），中国（China），南アフリカ共和国（South Africa）の頭文字を合わせた呼称。

2023年8月に南アフリカのヨハネスブルグで開催されたBRICS首脳会議は，**加盟国の拡大**に合意。2024年からアルゼンチン，エジプト，イラン，エチオピア，サウジアラビア，アラブ首長国連邦（UAE）がBRICS会合に加わることになった（2023年12月，アルゼンチンは不参加を表明）。

世界経済の予想問題1

No. 1 次の表はアメリカ，ユーロ圏，中国，ロシアの実質GDP成長率（上段）と失業率（下段）を示したものである。A，B，C，Dに該当する国・地域の組合せとして，妥当なのはどれか。

		2021年	2022年
A	成長率	8.4	3.0
	失業率	5.1	5.6
B	成長率	5.9	3.4
	失業率	7.7	6.7
C	成長率	5.6	− 2.1
	失業率	4.8	3.9
D	成長率	5.8	1.9
	失業率	5.4	3.6

（表の数値は%。2023年12月の内閣府資料に基づく）

	A	B	C	D
1	中　国	ユーロ圏	ロシア	アメリカ
2	中　国	ユーロ圏	アメリカ	ロシア
3	アメリカ	中　国	ロシア	ユーロ圏
4	アメリカ	ロシア	ユーロ圏	中　国
5	ユーロ圏	中　国	ロシア	アメリカ

No. 2 世界経済に関する次の記述のうち，妥当なのはどれか。

1 ユーロ圏経済は，地理的距離の近さやロシア産天然ガスへの依存度の高さなどからロシアによるウクライナ侵略の影響を受けやすく，2022年の実質GDP成長率はマイナスに転じた。

2 ECB（欧州中央銀行）は，2022年7月，インフレに対応するため政策金利を引き上げ，その後も2023年にかけて数次にわたって引き上げた。

3 BOE（イングランド銀行）は，景気後退に対応するため，政策金利を2021年12月に引き下げ，2022〜2023年にかけても数次にわたって引き下げた。

4 ASEAN主要国（インドネシア，タイ，マレーシア，シンガポール，フィリピン，ベトナム）の実質GDP成長率は，すべての国で2022年には前年より加速した。

5 2022年度のインドの実質GDP成長率は，民間消費や総固定資本形成といった内需が成長を牽引し，前年度より加速して10%を超えた。

 正答と解説

No. 1

▷正答　1

　4つの国・地域について，それぞれの特徴を考えてみよう。

　Aの特徴は，2021年の成長率が8％を超えて他の3つよりも高いこと，2022年に大きく減速していることである。こうした点に当てはまる国といえば，4つの国・地域のうちでは中国しかない。なお，失業率が5％台であることからも中国だと確認できる。

　Bの特徴は，2021年と2022年の失業率が比較的高くなっていること。この失業率の高さを考えると，ユーロ圏だろうと推測できる（ユーロ圏の失業率は低下傾向にあり，過去最低水準となっているが，他国に比べると依然として高い）。

　Cの特徴は，2022年の成長率が唯一マイナスとなっていること。このことから，ロシアだと確認できる。

　Dについては，2021年に比較的高めだった失業率が2022年に大きく低下している。一方，成長率は2022年に大きく減速している。このことからアメリカだとわかる。

　よって，正答は1となる。

No. 2
▷正答　2

1　2022年のユーロ圏の実質GDP成長率（前期比）は前年より減速したが，3.4％とプラスを維持した。

2　**正解！**　2022年7月に0.5％，9月・10月に0.75％，12月と2023年2月・3月に0.5％，その後は0.25％ずつ，数次にわたり引き上げた。

3　BOEは，加速するインフレへの対策として，政策金利を2021年12月に引き上げ，2022〜2023年にかけても数次にわたって引き上げた。

4　ASEAN主要国のうち，シンガポールだけは2022年の成長率が前年より減速した。

5　2022年度のインドの実質GDP成長率は，前年度の9.1％より減速し，7.2％となった。

No. 3　中国経済に関する次の記述のうち，妥当なのはどれか。

1　実質GDP成長率（前年同期比）は，上海の都市封鎖の影響で2022年４－６月期にはマイナスとなったが，その後は加速し，2022年全体では５％を超え，政府目標を達成した。

2　2022年の実質GDP成長率に対する需要項目別の寄与度を見ると，GDPの過半を占める最終消費の寄与がマイナスとなった一方，総資本形成や純輸出の寄与はプラスだった。

3　2022年の固定資産投資の伸び率は前年より減速し，２％を下回った。業種別では，インフラや衛生・社会サービスの伸びが減速した一方，不動産開発，鉱業，製造業の伸びは加速した。

4　2022年の小売売上高は前年比でマイナスに転じた。内訳では，コロナの影響を受けやすい飲食業がマイナスとなり，物品販売も低い伸びにとどまり，インターネット販売の伸びも大きく鈍化した。

5　2022年の都市部調査失業率は前年より上昇して６％台となり，政府目標を上回った。一方，2022年の都市部新規就業者数は前年より増加して1200万人を超え，政府目標を達成した。

No. 4　アメリカ経済に関する次の記述のうち，妥当なのはどれか。

1　2022年の四半期別の実質GDP成長率（季節調整済前期比）は，純輸出による押上げで１－３月期と４－６月期に２四半期連続してプラスとなったが，金融引締めによる投資抑制等から７－９月期にはマイナスに転じ，10-12月期もマイナスとなった。

2　2021年以降，歴史的な水準でインフレが高進しており，消費者物価指数は2022年６月に前年同月比で９％を超えた後も伸び率を拡大し続け，2023年３月には前年同月比10％を超えた。

3　2020年４月に15％近くだった失業率（完全失業者／労働力人口）は，2023年３月には５％台後半に低下した。労働参加率（労働力人口／生産年齢人口）は2020年４月以降低下傾向にあり，2023年３月には60％を下回った。

4　米中貿易摩擦の影響により，2019年以降アメリカの中国からの輸入額が大幅に減少し続け，2022年の米中間の貿易総額は5000億ドルを下回り，2013年以降で最低となった。

5　FRB（連邦準備理事会）は，インフレを抑制するため，2022年３月，FF（フェデラル・ファンド）金利の誘導目標を0.25％引き上げた。その後もFRBは2023年にかけて数次にわたり大幅に利上げした。

No. 3 ▷正答　4

1　2022年4－6月期の実質GDP成長率は減速したが，マイナスとはなっていない。2022年全体の成長率は3％で，中国政府の目標「5.5％前後」を大きく下回った。

2　2022年の実質GDP成長率に対する最終消費の寄与度はプラスだった。ただし，前年より大きく縮小した。総資本形成や純輸出の寄与もプラスだったが，ともに縮小した。

3　2022年の固定資産投資の伸び率は前年より加速し，5.1％となった。業種別では，インフラや衛生・社会サービスの伸びが加速した一方，不動産開発，鉱業，製造業の伸びは減速した（政府規制の影響によって不動産開発の前年比は大幅なマイナスに転じた）。

4　**正解！**　2022年の小売売上高の伸び率は－0.2％だった（前年は12.5％）。物品販売の内訳では，家電・映像音響機器や通信機器などの耐久消費財の伸び率がマイナスに転じ，自動車も低い伸びとなった。

5　2022年の都市部調査失業率は前年より上昇したが5.6％と5％台だった（政府目標の「5.5％以下」をわずかに上回った）。都市部新規就業者数は1206万人となり，政府目標の「1200万人」を達成したが，前年（1269万人）より減少した。

No. 4 ▷正答　5

1　2022年の実質GDP成長率は，金融引締めによる投資抑制等により1－3月期と4－6月期にマイナスとなったが，純輸出による押上げで7－9月期にプラスに転じ，10－12月期もプラスを維持した。

2　消費者物価指数は2022年6月に前年同月比9％を超えたが，その後は伸び率を縮小し続け，2023年3月の前年同月比は5％まで低下した。

3　失業率は2023年3月には3％台（3.5％）に低下し，コロナ禍前の水準に改善した。労働参加率は2020年4月を底に緩やかに上昇し，2023年3月時点では62.6％となった（コロナ禍前の2020年2月は63.3％）。

4　アメリカの中国からの輸入額は，2019年と2020年には減少したが，2021年と2022年には増加した。2022年の輸入額は5368億ドルと高水準で，2022年の米中間の貿易総額は過去最大の6906億ドルとなった。

5　**正解！**　利上げ幅は大幅だった（2022年3月0.25％，5月0.5％，6・9・11月0.75％，12月0.5％。2023年2・3・5・7月0.25％）。2023年12月末時点でFF金利の誘導目標水準は5.25～5.5％。

第 7 章 厚生

● 過去問研究

保険制度改革は出題必至

　厚生の重要テーマは，年金，医療，介護の社会保険制度。基礎能力・教養試験では，社会，時事，政治で，専門試験では社会政策での出題が見られる。そのほか財政学や社会学でも出題されることがある。年金，医療，介護の各制度は，どこにでも登場しうるオールラウンド・プレーヤーであるといってよい。

　社会保険制度の出題で主に問われるのは各制度の仕組み。新たな制度が導入されたときには出題に備えておくのが得策だ。令和元年度の国税・財務専門官の専門試験では，これまでの年金制度改革の内容を問う出題があった。また，4年度の警視庁警察官［Ⅰ類］の試験では，選択肢の1つに2020年の「年金制度改正法」が取り上げられた。

　今年の注目は，なんといっても**医療保険制度**。2023年に改正健康保険法等が成立し，「全世代対応型の持続可能な社会保障制度」を構築するため，さまざまな制度改正がなされるからだ。特に気をつけたいのは後期高齢者医療制度の改正。今一度，内容を整理しておきたい。

こども政策がまんなか

　少子化は高齢化とともに日本の将来をめぐる最大の懸念。令和5年度の東京都［Ⅰ類B］の教養試験では『少子化社会対策白書』の内容を問う出題があったし，4年度の国家専門職［大卒］の基礎能力試験でも，選択肢の1つに少子化対策が取り上げられていた。

　こども・子育て政策は，岸田内閣の主要政策の1つ。2023年には「こども家庭庁」が発足したし，「こども大綱」「こども未来戦略」も決定された。政府は具体策である「こども・子育て支援加速化プラン」も実施。出題を前提とした内容の把握が不可欠だ。

　このほか，**少子化の現状に関する統計**にも注意。対策と併せて確認しておくとよい。

障害者制度は出る？

　近年，障害者制度では法律の制定が目白押し。2021年には「改正障害者差別解消法」が，2022年には「障害者情報アクセシビリティ・コミュニケーション施策推進法」「改正障害者総合支援法等」が成立した。出題ネタは盛りだくさんだ。

医療保険制度を考える

ここに注目 改革が進められる医療保険制度。すべての世代が負担能力に応じて支え合う観点を意識しながら勉強しておくことが大切！

● 医療保険制度の基礎知識

- 国民健康保険‥‥自営業者や農林漁業従事者などが加入する医療保険。市町村，都道府県が保険者となって運営する地域保険と，医師や土木建築業など同一の職業ごとに組織・運営されている組合保険がある。

- 被用者保険‥‥いわゆるサラリーマンが加入する医療保険。民間企業の労働者には「健康保険」が，公務員などには「共済組合」がある。なお，大企業の雇用者は，企業単位で組織・運営される「健康保険組合（組合管掌健康保険）」に加入する。

- 協会けんぽ‥‥中小・零細企業の労働者などが加入する健康保険。正式名称は，全国健康保険協会。

国民医療費

国民医療費とは，日本の医療機関で保険診療の対象となる病気やけがの治療に使われた費用の総額。2021年度には，45兆359億円にのぼり，過去最高となった（前年度より4.8％増加）。また，1人当たりの国民医療費は35万8800円で，過去最高となった（前年度より5.3％増加）。

国民医療費の対GDP比は8.18％（前年度の7.99％より上昇）。やはり過去最高となった（2023年10月に厚労省が発表した数値）。

- 後期高齢者医療制度‥‥75歳以上の「後期高齢者」を対象とする独立した医療制度。財源は，公費負担が約5割，現役世代からの支援（後期高齢者支援金）が約4割，そして後期高齢者からの保険料が約1割となっている。

● 医療保険制度の改革

- 健康保険法‥‥2023年の改正健康保険法等は，①2024〜2025年度に後期高齢者医療制度の保険料を段階的に引き上げ（対象は高収入の高齢者），②出産育児一時金を増額し，その財源を後期高齢者医療制度からも支援，③前期高齢者の医療費負担を保険者間で報酬に応じて調整する仕組みを導入，④「かかりつけ医」の機能を法定化，「かかりつけ医機能報告制度」を創設。

2021年の改正健康保険法等は，①75歳以上で現役並み所得者ではないが一定所得以上の人について，窓口負担割合を2割に引き上げ，②育児休業中の保険料の免除要件を見直し（月内に2週間以上の育児休業を取得した場合は当該月の保険料を免除等）。

CHAPTER

7

厚生

年金制度を考える

 年金制度について，まずは制度の基本的な仕組みを確認。制度改革についてもきちんとフォローしておこう！

● 公的年金制度の基礎知識

☐ **国民年金**‥‥①全国民が加入，②基礎年金を給付，③保険料は定額。「国民年金」は老後の生活のもととなる「基礎年金」の給付を行う制度。「国民皆年金」制度の下，20歳以上60歳未満の全国民が加入し，保険料を支払う。保険料は定額（＝報酬に無関係）で，もらうときも定額だ。

☐ **国民年金の受給**‥‥**国民年金をもらえるのは原則として65歳から**。60歳からもらうこともできるが，その場合，年金額は減額される。反対に，75歳まで受給を遅らせることも可能で，そのときは年金額がアップする。

☐ **厚生年金**‥‥①民間サラリーマンも公務員も「厚生年金」に加入。②保険料は「所得の一定割合」を「労使が折半」。③将来もらう年金は「報酬比例」。国民年金との大きな違いは報酬比例であること。つまり，給料が高いと保険料は高いが，もらう年金は多くなる。保険料の半分は職場が負担する。

　なお，この報酬比例部分の支給開始年齢は，段階的に60歳から65歳へ引き上げられている（男性は2013〜2025年度，女性は2018〜2030年度）。

☐ **日本年金機構**‥‥**公的年金の運営業務を担う非公務員型の公法人**。

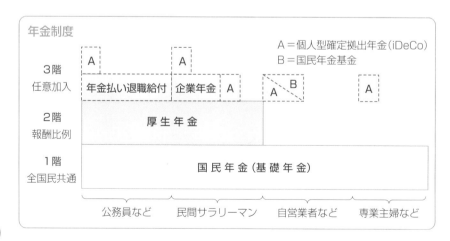

● 私的年金制度の基礎知識

□企業年金‥‥企業が従業員を対象に実施する年金制度。厚生年金基金，企業型確定拠出年金，確定給付企業年金がある。

□確定拠出年金‥‥**決められた拠出額で加入者本人が運用方法を決め，運用結果に応じて年金を受け取る仕組み**。企業・加入者が掛け金を出す「企業型」と加入者が掛け金を出す「個人型（iDeCo）」とがある。

□国民年金基金‥‥**自営業者などが任意で加入する上乗せ年金**。都道府県ごとと業種ごとに組織・運営されている。

● 年金制度の改革

□年金制度改正法‥‥2020年成立。①短時間労働者を被用者保険（厚生年金・健康保険）の適用対象とすべき企業の範囲を拡大，②在職中の年金受給を見直し（60～64歳の「在職老齢年金制度」を見直し，65歳以上の「在職定時改定」を導入），③年金の受給開始時期の選択肢を60歳から75歳の間に拡大，④確定拠出年金の加入可能要件を見直し。

□年金改革法‥‥2016年成立。①公的年金制度の持続可能性を高め，将来世代の給付水準の確保を図るため，**年金額の改定ルールを見直し**（2018年度から社会情勢に合わせて年金の給付水準を自動的に調整する「マクロ経済スライド」を強化，2021年度から現役世代の賃金が物価より下がった場合には年金支給額も賃金低下に合わせて減額），②短時間労働者への社会保険の適用拡大を促進，③自営業者などについても産前産後期間の国民年金保険料を免除，④重要な方針にかかわる意思決定や執行機関の業務執行に対する監督を行う合議制の経営委員会をGPIF（年金積立金管理運用独立行政法人）に設置。

□確定拠出年金法‥‥2016年の改正法は，①20歳以上60歳未満の希望者の個人型確定拠出年金（iDeCo）への加入を可能に，②中小企業対象の「簡易型確定拠出年金」を創設，③中小企業対象の「中小事業主掛金納付制度」を創設。

□被用者年金一元化法‥‥2012年成立。2015年10月から，①**年金の2階部分を厚生年金に統一**（公務員や私学教職員も厚生年金に加入，保険料率や給付内容を一元化），②共済年金の3階部分（職域加算部分）を廃止。

□年金生活者支援給付金法‥‥2012年成立。低所得の年金受給者に給付金を支給（消費税率10%への引き上げ時の2019年10月に施行）。

介護保険制度を考える

> **ここに注目** 介護保険制度は高齢者の介護に欠かせない存在としてすっかり定着。制度の概要をきちんと整理しておこう！

● 介護保険制度の基礎知識

□**介護保険制度**‥‥**高齢者介護を社会全体で支える制度**。2000年に創設。40歳以上の国民から強制的に保険料を徴収し，要介護状態の人に介護サービスを提供する。給付費の**財源は保険料と公費**（国・都道府県・市町村の財政負担）。それぞれが5割ずつを受け持つ。

□介護保険の保険料‥‥**保険者は市町村**（特別区を含む）。保険料は，40〜64歳の者は医療保険経由で負担。65歳以上の高齢者は，所得に応じて各市町村が定める額を負担する（自治体間で大きな差がある）。

□介護保険の給付‥‥介護保険の給付を受けるには市町村に申請し，**要介護・要支援の認定**を得ることが必要。認定されると，要介護度の程度に応じて，在宅ないしは施設で介護サービスを受けることができる。このとき，原則として**介護サービス費用の1割は利用者が自己負担する**（ただし，現役並みの高所得の利用者は3割負担，一定以上の所得のある利用者は2割負担）。

● 介護保険制度関連用語

□地域包括ケアシステム‥‥**日常生活圏域で，医療，介護，予防，住まい，生活支援サービスが一体的に提供される体制**。介護を必要とする高齢者が住み慣れた地域で，自立した生活を送れるようにすることが主眼。高齢化の進展状況には地域差があり，市町村や都道府県が地域の特性に応じてつくり上げていくことが必要となる。政府は，団塊の世代*全員が75歳以上となる2025年をめどにシステムの構築を目指している。

□介護医療院‥‥日常的な医学管理や看取り・ターミナルケア等の機能と生活施設としての機能とを兼ね備えた介護保険施設。2018年4月創設。

*団塊の世代＝1947〜1949年に生まれた世代。第一次ベビーブーム世代とも呼ばれる。

要介護度

要介護認定で要介護状態の度合いを表す区分。認定区分は，要支援（1と2の2段階）と要介護（1から5までの5段階）の7段階ある。数字が大きいほど要介護の度合いが重い。

なお，要支援とは，要介護状態になるおそれがあり，家事や身の回りの支援などの日常生活に支援を必要とする状態をいう。

暗記お助け

生活保護制度を考える

ここに注目 生活保護制度について基本的な仕組みをチェック。併せて，生活保護に至る前の生活困窮者自立支援制度についても確認！

● 生活保護制度の基礎知識

□**生活保護制度**‥‥生活に困窮する国民に対し困窮の程度に応じて必要な保護を行い，最低限度の生活を保障するとともに，自立を助ける制度。憲法25条が定める「健康で文化的な最低限度の生活を営む権利」を国が最終的に保障する制度であり，「**社会保障の最後のセーフティネット**」といわれる。国の制度だが，運営は地方自治体。

生活保護受給者・受給世帯数

生活保護の受給者数は1995年を底に増加し，2015年3月に過去最多の約217万人を記録。その後は減少傾向にあり，2023年9月には約202万人となった。

一方，生活保護受給世帯は，2023年9月時点で約165万世帯。高齢者世帯が全体の約55%を占めている。

□**生活保護を受けるための要件**‥‥生活保護を受給できるのは，**資産，働く能力，年金・手当の給付や，親子間の扶養・援助など，すべてを活用してもなお生活に困窮する場合**。生活困窮者からの申請を受けて，福祉事務所は生活状況，資産，就労可能性，扶養の可否などの調査を行ったうえで，支給するかどうかを決定する。

□**生活保護費**‥‥**生活保護費は世帯単位で支給**。世帯の収入と国が定める保護基準で計算した「最低生活費」とを比べ，収入が最低生活費より少ないときに，差額分が生活保護費として支給される。生活保護費のうち，食費・被服費・光熱費など日常生活に必要な費用に充てるために支給されるのが「生活扶助」。年齢，世帯構成，居住地などで異なる基準額が定められている。

● 生活困窮者自立支援制度の基礎知識

□**生活困窮者自立支援制度**‥‥**生活保護に至る前の生活困窮者の自立を支援する制度**。実施主体は福祉事務所を設置している自治体。

□**生活困窮者自立支援制度の実施事業**‥‥「**自立相談支援事業**」と「**住居確保給付金の支給**」（離職で住宅を失った生活困窮者に家賃相当の給付金を支給）は自治体の必須事業。また，2018年の改正生活困窮者自立支援法は，「就労準備支援事業」と「家計改善支援事業」の実施を努力義務化した。このほか自治体は，「一時生活支援事業」（住居のない生活困窮者に一定期間宿泊場所や衣食を提供）や「子どもの学習・生活支援事業」などを実施する。

CHAPTER **7** 厚生

こども・子育て政策を考える

人口減少社会を迎えた日本。政府もこども・子育て政策に力を入れ、さらに政策を推進する体制を強化している。
択一式試験対策だけでなく、論述や面接に備えて関連用語を押さえ、併せて因果関係を考察しておこう！

● 政策基本用語

□こども基本法・・・・2022年成立。こども政策の基本理念を定め、基本理念に沿った施策の策定・実施を国・地方自治体の責務としている。「子どもの権利条約」（以下参照）に対応した法律。

□こども家庭庁・・・・こども政策の司令塔。2023年4月に内閣府の外局として発足。こどもの最善の利益を第一に考え、こどもに関する取組み・政策を社会の真ん中に据える「こどもまんなか社会」を目指す。

□子ども（児童）の権利条約・・・・子どもの権利を保障するための条約。18歳未満を子どもと定義。①差別の禁止、②生命・生存・発達に対する権利、③子どもの意見の尊重、④子どもの最善の利益、という4つの原則を定めている。1990年に発効し、日本は1994年に批准。

● 政策関連用語

□こども大綱・・・・こども基本法に基づき2023年12月決定。「こどもまんなか社会」の実現を目指す。

基本方針として、①こども・若者の権利を保障し、最善の利益を図る、②こども・若者、子育て当事者の意見を聴き、ともに進めていく、③こども・若者、子育て当事者のライフステージに応じて切れ目なく対応し、十分に支援する、④貧困と格差の解消を図り、すべてのこども・若者が幸せな状態で成長できるようにする、⑤若い世代の生活基盤の安定等に取り組む、⑥関係省庁、地方自治体、民間団体等との連携を重視する、の6つを示し、数値目標も定めた。

出生率低下の要因は？

日本の出生率低下の要因として挙げられるのは、未婚率の上昇、晩婚化、夫婦出生児数の減少。日本では婚外子が少なく、出生率は結婚行動とその後の動向に大きくかかっている。

出産期を迎える世代の未婚率は1980年代から上昇傾向。2020年には25〜29歳の女性の約62％、30〜34歳の女性の約35％が結婚していない。女性の平均初婚年齢も29歳を超えている。

なお、結婚した夫婦からの最終的な出生児数（完結出生児数）も2021年には1.90人に低下し、2人を割り込んでいる。

□こども未来戦略‥‥少子化対策の方針等を定めた戦略。2023年12月決定。基本理念に①若い世代の所得を増やす，②社会全体の構造や意識を変える，③すべてのこども・子育て世帯を切れ目なく支援する，の3つを挙げた。

□こども・子育て支援加速化プラン‥‥「こども未来戦略」に記載された少子化対策の具体策。①若い世代の所得向上では，**児童手当を拡充**，出産等の経済的負担を軽減，医療費や高等教育費の負担を軽減，リ・スキリングを直接支援。②すべてのこども・子育て世帯を対象とする支援の拡充では，妊娠期からの切れ目ない支援を拡充，「こども誰でも通園制度」を創設，「新・放課後子ども総合プラン」を着実に実施。③共働き・共育ての推進では，**育児休業制度を拡充**（男性の取得率の政府目標引き上げ，育児休業給付を拡充）。④こども・子育てにやさしい社会づくりのための意識改革も進める。

□児童手当‥‥子どもを養育する者に対して一定額の手当を支給する仕組み。加速化プランにより，①所得制限を撤廃，②高校生年代まで延長，③第3子以降に月3万円支給（第1・2子には，0～3歳は月1.5万円，3歳～高校生は月1万円支給）。2024年10月から実施。

● 少子化進展の背景とその影響

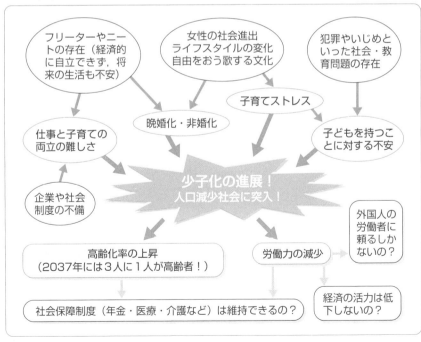

No. 1 日本の少子高齢化に関する次の記述のうち，妥当なのはどれか。

1 2022年の合計特殊出生率は1.26で，前年よりも一段と低下し，過去最低となった。

2 合計特殊出生率は，日本のほうがアメリカやフランスより高い。

3 2020年の50歳時の未婚率は，男女ともに30％を超えている。

4 高齢化の進展により，2022年には国民の3人に1人以上が65歳以上の高齢者となった。

5 2022年の高齢者人口のうち，65〜74歳の人口は75歳以上人口を上回っている。

No. 2 こども・子育て政策に関する次の記述のうち，妥当なのはどれか。

1 2022年のこども基本法は，日本国憲法と子どもの権利条約の精神にのっとり，こども施策に関する基本理念や国の責務等を定めた。

2 2022年のこども基本法が定める「こども施策」とは，おとなになるまでの心身の発達過程で行われるこどもの健やかな成長に対する支援であり，おとなになってからの支援は含まれない。

3 2023年4月以降，小学校就学前のこどもを対象とする保育所，認定こども園，幼稚園の3者は「こども家庭庁」が所管することとなった。

4 2023年の「こども大綱」は，合計特殊出生率を人口置換水準（人口を維持できる水準）の2.07以上とすることを数値目標に設定した。

5 2023年の「こども未来戦略」は，所得税に上乗せして徴収する「こども・子育て支援金」を創設するとした。

No. 3 医療や寿命等に関する次の記述のうち，妥当なのはどれか。

1 2021年度の国民医療費は100兆円を超えた。財源別構成比は，国と地方の公費が約70％，保険料が約20％，患者負担が約10％となっている。

2 2022年の日本人の平均寿命は，女性では90歳を超えているが，男性では80歳を下回っている。

3 2019年の日本人の健康寿命（健康上の問題で日常生活が制限されずに生活できる期間）は，男女ともに80歳を下回っている。

4 2022年の日本人の死因の上位3つは，がん，心疾患，肺炎である。

5 2022年の自殺者数は2万人を下回り，10年連続の減少となった。

No. 1

1　**正解！**　2022年は前年の1.30より0.4ポイント低下した（低下は7年連続）。

2　日本の合計特殊出生率はアメリカやフランスに比べ低い。

3　50歳時の未婚率は，2020年には男性28.3％，女性17.8％だった。

4　高齢化率は29.0％で，まだ国民の3人に1人以上にはなっていない。

5　65～74歳の人口は1687万人で，75歳以上人口の1936万人を下回っている。

No. 2

1　**正解！**　こども基本法は基本理念を6つ掲げている。そのうち4つは「児童の権利条約」の4原則（「差別の禁止」「生命,生存及び発達に対する権利」「児童の意見の尊重」「児童の最善の利益」）を踏まえて定められた。

2　こども基本法が定める「こども施策」には，こどもに対する支援に加え，就労・結婚・妊娠・出産・子育て等おとなになってからの支援も含まれる。

3　保育所（厚労省所管）と認定こども園（内閣府所管）は，こども家庭庁に移管されることとなったが，幼稚園の所管は文科省のままである。

4　こども大綱が設定した12の数値目標は，こども・若者等の意識面に関するものであり，問題文にあるような数値目標は設定していない。

5　「こども・子育て支援金」は，医療保険の保険料に上乗せする形で徴収される。

No. 3

1　2021年度の国民医療費は約45兆円。財源別の構成比は，公費が38.0％（国は25.3％，地方は12.7％）で，保険料が50.0％，患者負担が11.6％である。

2　2022年の日本人の平均寿命は，女性87.09歳，男性81.05歳だった。

3　**正解！**　2019年の日本人の健康寿命は，男性72.68歳，女性75.38歳である。

4　第3位は肺炎ではなく，老衰である（肺炎は第5位）。

5　2022年の自殺者数は2年ぶりに増加し，2万1881人となった。

問題演習 厚生の予想問題1

No. 4 医療に関する次の記述のうち，妥当なのはどれか。

1　2023年の改正健康保険法等により，75歳以上を対象とする後期高齢者医療制度の保険料は，2024年度には年金収入が一定額以上の高齢者を対象に，2025年度にはすべての高齢者を対象に引き上げられる。

2　2023年の改正健康保険法等は，出産育児一時金の支給額を引き上げ，その支給費用の一部を後期高齢者医療制度も支援するよう改めた。

3　2023年の改正健康保険法等は，前期高齢者が偏在することによる医療費負担の不均衡を是正するため，前期高齢者の加入者数に応じて保険者間で費用負担の調整を行う仕組みを導入すると定めた。

4　2022年の改正医薬品医療機器等法は，臨床試験の途中段階にあっても，医薬品等の安全性および有効性が「推定」された段階で承認を行う「緊急承認制度」を整備した。

5　2022年の改正感染症法は，国民の生命・健康に重大な影響を与えるおそれがある感染症の発生・まん延時には，すべての医療機関に医療提供を義務づけると定めた。

No. 5 2020年の年金制度改正法に関する次の記述のうち，妥当なのはどれか。

1　短時間労働者を被用者保険の適用対象とすべき事業所の企業規模要件について，2022年に50人超規模へ，2024年には100人超規模へと段階的に引き上げると定めた。

2　高年齢者の就労を促進するため，60歳以上の老齢厚生年金受給者を対象とする「在職老齢年金制度」について，2022年3月31日をもって廃止すると定めた。

3　65歳以上の在職中の老齢厚生年金受給者について，「在職定時改定制度」を導入し，年金額を毎年10月に改定すると定めた。

4　高年齢者の就労が拡大している現状にかんがみ，個人が選ぶことのできる公的年金の受給開始時期について，改正前の「60歳から70歳の間」から「65歳から75歳の間」に引き上げると定めた。

5　設立手続を簡素化した「簡易型確定拠出年金」を設立できる事業所について，一定以下の従業員規模に限っていた要件を撤廃し，すべての企業に拡大した。

CHAPTER
7
厚生

No. 4

1　2024～2025年度に後期高齢者医療制度の保険料が引き上げられるのは比較的収入の多い約4割の高齢者で，すべての高齢者についてではない。

2　**正解！**　社会全体で子育てを支援するとの観点からなされた改正である。このほか，産前産後期間（4か月）の国民健康保険料も免除されることになった（免除相当額を国・都道府県・市町村で負担）。

3　問題文にあるような仕組みは改正前からすでに設置されていた。改正法が定めたのは，被用者保険について，加入者数に応じた調整に加え，部分的に「報酬水準に応じた調整」を導入することである。

4　緊急承認制度においては，医薬品等の有効性が「推定」された段階での承認が可能だが，医薬品等の安全性については「推定」ではなく，「確認」することが前提とされている。

5　改正法が，感染症の発生・まん延時に医療提供を義務づけたのは，公立・公的医療機関，特定機能病院（大学病院等），地域医療支援病院である。

No. 5

1　改正法は，短時間労働者の被用者保険への適用を拡大するため，対象とすべき企業規模要件について，2022年に100人超規模へ，2024年に50人超規模へと段階的に引き下げると定めた。

2　改正法が定めたのは，60～64歳を対象とする「在職老齢年金制度」についての見直し（支給停止とならない範囲を拡大）である。制度自体の廃止を定めたものではない。

3　**正解！**　改正により，働いて納めた保険料が早めに年金額に反映されるようになる。

4　改正法は，改正前に「60歳から70歳の間」と定められていた公的年金の受給開始時期を「60歳から75歳の間」に変更する（上限を75歳に引き上げる）こととした。

5　改正法が定めたのは，中小企業向けの「簡易型確定拠出年金」を設立できる事業所の対象範囲を「従業員100人以下」から「従業員300人以下」に拡大することである。すべての事業所を対象としたわけではない。

 厚生の予想問題２

No. 6 障害者制度等に関する次の記述のうち，妥当なのはどれか。

1　2021年の改正障害者差別解消法は，障害者に対する社会的障壁を除去するための「合理的配慮」の提供を民間事業者に対しても義務づけた。

2　2022年の改正障害者総合支援法等は，グループホームの支援内容に一人暮らしを希望する入居者に対する支援を追加したが，この支援はグループホーム入居中に限定されており，原則として退居後は受けられない。

3　障害者施策の基本となる障害者基本法は，基本的施策の１つに「情報の利用におけるバリアフリー化等」を掲げているが，2023年末時点では，その根拠となる法律はまだ制定されていない。

4　介護保険制度における介護サービス利用者は着実に増加している。2022年４月のサービス利用者数は，介護保険制度開始当時の2000年４月に比べ，10倍以上に増加した。

5　2023年の孤独・孤立対策推進法は，内閣官房に「孤独・孤立対策推進本部」を設置すると定め，また地方自治体には「孤独・孤立対策地域協議会」の設置を義務づけた。

No. 7 2023年の「こども未来戦略」に記載された「こども・子育て支援加速化プラン」に関する次の記述のうち，妥当なのはどれか。

1　児童手当について，支給期間を中学生年代から高校生年代まで延長する一方，支給対象には所得制限を設け，所得が一定額以上の者には手当を減額ないしは支給停止とする方針を示した。

2　支援が手薄となっている妊娠・出産期における支援を強化するため，健康保険や国民健康保険の被保険者等が出産したときに支給する「出産育児一時金」を創設するとした。

3　高等教育費の負担軽減のため，授業料を卒業後の所得に応じた後払いにする「授業料後払い制度」を2024年度から修士段階の学生を対象として導入し，本格導入に向けてさらに検討するとした。

4　親が短時間労働者であり，保育所の入所基準を満たさない子どもを対象に，時間単位等で柔軟に利用できる「こども誰でも通園制度」を創設するとした。

5　育児休業の取得を促すため，育児休業の開始から180日間については，給付率を休業開始前賃金の67％（手取り８割）から８割程度（手取り10割）に引き上げる方針を示した。

CHAPTER

7

厚生

No. 6　▷正答　1

1 **正解！**「合理的配慮」の提供とは，負担が重くなりすぎない範囲で，障害者にとっての社会的障壁を取り除くこと。改正前，国や自治体には義務づけられていたが，民間事業者には努力義務とされていた。

2 改正法で位置づけられた一人暮らしの希望者に対する支援については，入居中だけでなく，退居後も一定期間受けることができる。

3 2022年，「情報の利用におけるバリアフリー化等」を進めるための根拠となる「障害者情報アクセシビリティ・コミュニケーション施策推進法」が制定された。

4 2022年4月の介護サービス利用者数は，2000年4月（149万人）の約3.5倍の517万人に達した。

5 孤独・孤立対策推進法は，内閣府に「孤独・孤立対策推進本部」を設置すると定め，また地方自治体には「孤独・孤立対策地域協議会」の設置を努力義務とした。

No. 7　▷正答　3

1 児童手当については所得制限を撤廃するとした。支給期間を高校生年代まで延長するとした点は正しい。このほか，第3子以降は支給額を増額するとした（1人当たり月3万円を支給）。

2 出産育児一時金は1994年に創設された。加速化プランが盛り込んだのは，出産育児一時金の支給額の大幅な引き上げ（42万円→50万円）の着実な実施である。

3 **正解！** 卒業後の納付については，子育て期の納付が過大とならないように配慮するとした。

4 「こども誰でも通園制度」は，親の就労の有無を問わず，時間単位等で柔軟に保育所等を利用できるようにする制度である。

5 育児休業給付の給付率を引き上げるとしたのは，男性は子どもが生まれてから8週間以内，女性は産休後8週間以内に，両親ともに14日以上の育児休業を取得した場合（上限は28日間）についてである。育児休業全体の給付率を引き上げるわけではない。

●過去問研究

注目は労働制度の改正

2019年以降,「**働き方改革関連法**」が順次施行。労働制度を抜本的に改革する内容で,話題性もあるだけに公務員試験ではよく登場してきた。

働き方改革に関連する選択肢は,平成30年度の国家総合職の基礎能力試験に早くも登場していたが,令和元年度の国家一般職［大卒］の基礎能力試験や2,3,5年度の国税・財務専門官の専門試験でも取り上げられた。また,元年度の東京都［Ⅰ類A］,特別区［Ⅰ類］では働き方改革関連法の内容を問う出題があった。

試験対策では,**新たな制度の把握**は不可欠。2022年には雇用保険法等が改正され,雇用保険財政の安定化を図る制度改正がなされた。職業安定法も改正された。今一度チェックしておこう。加えて,労働時間や非正規雇用の状況など,**改革法がらみの現状**も併せて確認しておくとよいだろう。

雇用対策はきめ細かく

労働では「雇用対策」が欠かせないテーマ。政府が実施する雇用対策は多岐にわたっている。対象者で分けてみても,高齢者,女性,若者,障害者向けなど,多種多様だ。

このうち,公務員試験によく出されてきたのが**高年齢者の雇用対策**。高年齢者雇用安定法が改正されて以来,その内容を問う選択肢がさまざまな試験に登場してきた。2020年には,70歳までの就業支援を盛り込んだ改正高年齢者雇用安定法が成立。高齢者の雇用対策は今後も要注意だ。

また,政府は**若者の雇用対策**にも重点的に取り組んでいる。さらに,「**女性の活躍**」も重要課題とし,女性の就業率アップも目指している。

雇用対策同様,試験対策もきめ細かく進めておきたい。

ほかに出そうなテーマは？

「育児・介護休業」関連のテーマにも注意。2021年に改正法が成立し,育児・介護休業制度が改まったからだ。

育児・介護休業は,岸田内閣が重要政策として力を入れる「こども・子育て政策」にかかわる施策でもある。注目度は高い。

暗記お助け

多様化する働き方

ここに注目 日本人の働き方は多様化している。論述や面接も念頭に，関連用語を一気におさらいだ！

● 非正規雇用

- [ ] 派遣労働者‥‥派遣元の企業に雇われ，ほかの企業（派遣先企業）で働く労働者。労働者派遣法で派遣期間の上限などが定められている。

- [ ] 有期労働契約‥‥**期間の定めがある労働契約**。契約期間の上限は原則3年（高度の専門的知識・技術を持つ労働者や60歳以上の高齢者は5年）。

フリーランス

政府の定義は「実店舗がなく，雇人もいない自営業主や一人社長で，自身の経験や知識，スキルを活用して収入を得る者」。2023年にフリーランス・事業者間取引適正化等法が成立し，保護ルールが法定化された。

● 新しい働き方

- [ ] テレワーク‥‥ICT（情報通信技術）を利用した時間や場所を有効に活用できる柔軟な働き方。政府は，「雇用型テレワーク」と「自営型テレワーク」のそれぞれについてガイドラインを定め，普及促進を図っている。

- [ ] 副業・兼業‥‥政府は「モデル就業規則」において**副業・兼業を原則として容認**。ガイドラインも定め，普及促進を図っている。

- [ ] 高度プロフェッショナル制度‥‥**特定高度専門業務・成果型労働制**。一定の年収以上で特定の高度専門職を対象に，労働基準法上の労働時間，休日，深夜の割増賃金等の規定を適用除外とする制度。健康確保措置や本人の同意などを要件として2019年4月から導入が可能となった。

- [ ] 勤務間インターバル制度‥‥**終業から次の始業までの間に一定の休息時間を確保する制度**。労働者が生活や睡眠に充てる時間を確保でき，ワーク・ライフ・バランスの実現にも資すると期待されている。2019年4月以降，制度導入は事業主の努力義務となった。

- [ ] フレックスタイム制‥‥一定の期間について，あらかじめ定めた総労働時間の範囲内で，**労働者が日々の始業・終業時刻や労働時間を自分で決められる制度**。日々の都合に合わせて，働く時間を調整できるため，労働者はワーク・ライフ・バランスを実現しやすくなる。2019年4月以降，時間調整する単位となる「清算期間」の上限が1か月から3か月に延長され，労働者の都合に応じてより柔軟に働けるようになった。

CHAPTER

8

労働

育児・介護休業

ここに注目 育児・介護休業は，仕事と家庭の両立支援策。育児休業は少子化対策でもある。制度の基礎知識とともに2021年の改正法の内容を整理！

● 育児・介護休業制度の基礎知識

□**育児休業**‥‥原則として子どもが１歳に達するまでの間，労働者に保障されている休業制度。ただし，保育所に入れない場合などは，最長で２歳まで延長できる。

　育児休業中は，社会保険料（健康保険や厚生年金保険）の支払いは免除される。また，育児休業開始から180日目までは休業開始前の賃金の67％，その後は50％に当たる育児休業給付が受けられる。

□**パパ・ママ育休プラス**‥‥父母ともに育児休業を取得する場合，原則として子が１歳までとされている休業可能期間が，１歳２か月に達するまでに延長される。

□**介護休業**‥‥**家族を介護・看病するための休業制度**。要介護状態にある対象家族１人につき，通算93日まで３回を上限に分割して取得できる。

　介護休業中は，休業開始前の賃金の67％に当たる介護休業給付を受けられる。ただし，育児休業とは異なり，社会保険料の免除はない。

ワーク・ライフ・バランス

　働き方を考えるキーワードとして近年よく耳にするのが，ワーク・ライフ・バランス（仕事と生活の調和）。これについては，関係大臣，経済界・労働界・自治体の代表などが集まった「官民トップ会議」が，「仕事と生活の調和憲章」と「行動指針」を定めている。

　憲章によると，仕事と生活の調和が実現した社会とは，①就労による経済的自立が可能，②健康で豊かな生活のための時間が確保できる，③多様な働き方・生き方が選択できる，という３つの条件を満たすこと。

　政府は，ワーク・ライフ・バランスを推進するため，「カエル！ジャパン」キャンペーンを展開している。シンボルマークはもちろん「蛙」だ。

● 育児・介護休業法

□**育児・介護休業法**‥‥2021年の改正法は，①男性の育児休業取得を促すために「産後パパ育休」（出生時育児休業）を創設，②育児休業を取得しやすい雇用環境の整備と，妊娠・出産の申出をした労働者に対する個別の周知・意向確認を事業主に義務づけ，③育児休業は分割して２回まで取得可能，④従業員1000人超の大企業に対し，育児休業の取得状況の公表を義務づけ，⑤有期雇用労働者の育児・介護休業取得要件を緩和。

労働分野の重要法律

ここに注目 労働分野では法律の内容が出題されることもしばしば。試験に出そうな法律を一挙にまとめておこう！

☐ **フリーランス・事業者間取引適正化等法**‥‥2023年成立。フリーランスに業務を委託する発注企業に対し，①**取引条件の書面あるいはメール等による明示**，②**仕事の成果を受け取った日から原則60日以内の報酬支払い**，③フリーランスの育児・介護への配慮，④ハラスメント対策のための体制整備を義務づけ。また，報酬の減額や受領拒否等を禁止した。

☐ **障害者総合支援法等**‥‥2023年の改正法（障害者雇用促進法を含む）は，①**事業主の責務に障害者の職業能力の開発・向上を追加**，②特に短い時間で働く重度の身体・知的障害者と精神障害者を実雇用率の算定対象に追加，③障害者の雇入れ・雇用継続に関する相談援助等への助成措置を新設。

☐ 雇用保険法等‥‥2022年の改正法（改正職業安定法等を含む）は，①雇用保険の保険料率を改定，②失業等給付について，**雇用情勢等の状況に応じて国庫負担割合を変動させる仕組みや機動的な国庫繰入制度を導入**，③求人情報等について的確な表示を義務化，④求職者に関する情報を収集する「特定募集情報等提供事業者」に届出や事業概況報告を義務化，⑤募集情報等提供事業者に個人情報の保護や苦情処理体制の整備等を義務化。

2020年の改正法（改正高年齢者雇用安定法，改正労働施策総合推進法等を含む）は，①**65～70歳の高年齢者就業確保措置をとることを企業の努力義務と規定**（定年引き上げ，継続雇用制度の導入，定年廃止，労使で同意したうえでの雇用以外の措置の導入のいずれか），②65～70歳の高年齢者就業確保措置の導入に対する支援を雇用保険における雇用安定事業に位置づけ，③複数就業者の労災保険給付を拡充，④複数の企業に雇用される65歳以上の労働者に雇用保険を適用，⑤**大企業に中途採用比率の公表を義務づけ**。

☐ 働き方改革関連法‥‥2018年成立。①**時間外労働の上限を原則として月45時間，年360時間に規制**，②**1人1年当たり5日間の年次有給休暇の取得を義務づけ**，③「**勤務間インターバル**」制度の導入を努力義務化，④月60時間を超える残業に支払われる割増賃金率についての中小企業への猶予措置を廃止，⑤「**高度プロフェッショナル制度**」を新設（健康確保措置を義務化），⑥**非正規雇用労働者と正規雇用労働者の間の不合理な待遇差を解消するための規定**を整備，⑦非正規労働者に対する待遇の説明義務を強化。

No. 1 日本の労働政策に関する次の記述のうち，妥当なのはどれか。

1　働き方改革関連法は，時間外労働の上限を原則として月60時間，年480時間と定めた。

2　働き方改革関連法は，10日以上の年次有給休暇が与えられる労働者に5日間の年次有給休暇を取得させることを企業に義務づけた。

3　働き方改革関連法は，「勤務間インターバル制度」の導入を企業に義務づけた。

4　厚労省が作成した「モデル就業規則」は，「労働者は，許可なく他の会社等の業務に従事しないこと」と定め，副業・兼業を原則禁止としている。

5　男女雇用機会均等法は，妊娠・出産等を理由とする解雇を禁止しているが，同じ理由による降格や減給までは禁止していない。

No. 2 育児・介護休業に関する次の記述のうち，妥当なのはどれか。

1　2022年度の育児休業取得率（民間企業の労働者）は，女性では90％を超えているが，男性では10％に満たない。

2　政府は，男性（民間企業の労働者）の育児休業取得率を2025年に20％，2030年に30％にするとの数値目標を掲げている。

3　2021年の改正育児・介護休業法は，父親が子どもの出生後8週間以内に4週間まで取得できる育児休業の枠組みを創設した。

4　2021年の改正育児・介護休業法は，すべての事業主に対し，育児休業の取得状況についての公表を義務づけた。

5　介護休業を取得する労働者は，休業開始前の賃金に相当する介護休業給付を受けることができる。

No. 3 日本の労働統計に関する次の記述のうち，妥当なのはどれか。

1　役員を除く全雇用者に占める非正規雇用労働者の割合は近年上昇傾向にあり，2022年には過半数に達した。

2　学校卒業後にパートやアルバイトなどに従事するフリーターは，2022年には前年より増加し，その数は300万人を超えた。

3　2022年の労働者1人当たりの年間総実労働時間（事業所規模5人以上）は9年連続で増加し，2000時間を超えた。

4　1週間の就業時間が60時間以上の長時間労働に従事する雇用者(非農林)の割合は，2022年には10％台となった。

5　2022年の労働者1人当たりの年次有給休暇取得率は，60％を上回る水準となっている。

正答と解説

No. 1 ▷正答 2

1 働き方改革関連法が定めた時間外労働の上限は，原則として月45時間，年360時間である。

2 **正解！** 企業は，労働者の希望を聴き，それを踏まえて時季を指定し，年5日の年次有給休暇を取得させなければならない。

3 働き方改革関連法は，「勤務間インターバル制度」の導入を企業の努力義務とした（義務づけではない）。

4 2018年の改定で問題文にある規定は削除され，「労働者は，勤務時間外において，他の会社等の業務に従事することができる」との規定が設けられた（副業・兼業を原則認める）。

5 男女雇用機会均等法は，妊娠・出産等を理由とする解雇やその他の不利益取扱い（降格，減給，不利益な配置の変更など）を禁止している。

No. 2 ▷正答 3

1 2022年度の育児休業取得率は，女性が80.2％，男性が17.13％である。

2 政府目標は，男性（民間企業の労働者）の育児休業取得率を2025年に50％，2030年に85％にすることである。なお，国・地方の公務員については，1週間以上の取得率を2025年に85％，2週間以上の取得率を2030年に85％とすることを目標に掲げている。

3 **正解！** 厚労省は「産後パパ育休」と呼んでいる。分割して2回取得できる。

4 公表が義務づけられたのは，従業員1000人超の大企業である。

5 介護休業では，休業開始前の賃金の67％に当たる介護休業給付が受けられる。

No. 3 ▷正答 5

1 非正規雇用労働者の割合は2022年で約4割である。

2 2022年のフリーター数は前年より6万人減少し，132万人となった。

3 2022年の労働者1人当たりの年間総実労働時間は1633時間となり，前年と同じ水準だった。

4 1週間の就業時間が60時間以上の長時間労働に従事する雇用者（非農林）の割合は，2022年には5.1％だった。

5 **正解！** 年次有給休暇取得率は，2017年に5割を上回るようになり，2022年には6割を超え，過去最高の62.1％となった。

No. 4　日本の労働統計に関する次の記述のうち，妥当なのはどれか。

1　非正規雇用労働者は，2022年には3年ぶりに増加し，2101万人となった。非正規雇用を選んだ理由として「正規の仕事がないから」を挙げた者（不本意非正規）の比率は，2022年には1割程度だった。

2　女性の年齢階級別労働力率を折れ線グラフに描くとM字カーブになる。結婚や子育てをしている女性雇用者は離職が容易な非正規雇用を選びやすく，近年はそのカーブの落ち込みがより深くなっている。

3　15〜24歳層の完全失業率は2022年に大幅に低下し，年平均で2％台となった。一方，2023年3月卒業の新卒者の就職内定率は，大学卒では4月1日時点で前年同期よりやや低下して約87％となった。

4　2022年6月時点の民間企業における雇用障害者数は19年連続で過去最多を更新した。障害者の実雇用率も11年連続で過去最高を更新し，障害者雇用促進法が定める法定雇用率を初めて上回った。

5　日本では，ドイツやフランスといった欧州主要国に比べ，雇用者1人当たりの年間労働時間が短く，また週49時間以上働いている労働者の割合も低くなっている。

No. 5　日本の労働法制に関する次の記述のうち，妥当なのはどれか。

1　2020年の改正雇用保険法等（改正高年齢者雇用安定法）は，事業主に対し，65〜70歳の高年者雇用確保措置として，70歳までの定年引き上げか定年廃止のどちらかの措置をとることを義務づけた。

2　2021年の改正育児・介護休業法は，有期雇用労働者について定められていた2つの育児休業取得要件を撤廃し，無期雇用労働者と同様の取扱いとすると定めた。

3　2022年の改正雇用保険法等は，将来にわたって雇用保険財政を安定化させるため，失業等給付にかかわる国庫負担率を原則として「4分の1」から「2分の1」に引き上げると定めた。

4　2022年の改正職業安定法は，インターネット上の公開情報等から求人情報を収集して提供する募集情報等提供事業者に対し，事前の届出や事業の概況報告を義務づけた。

5　2023年のフリーランス・事業者間取引適正化等法は，フリーランスに業務を委託する発注企業に対し，仕事の成果を受け取った日から原則60日以内に報酬を支払うことを義務づけた。

正答と解説

No. 4 ▷正答 1

1 **正解！** 政府は，働き方改革関連法の施行によって非正規雇用労働者の待遇改善を図り，不本意非正規の比率を低下させるとしている。

2 近年は，結婚・出産後も仕事を続ける女性が増えてきたことを背景に，M字カーブは浅くなり，台形に近づいている。女性の年齢階級別労働力率は，欧米諸国では台形を描く。

3 15〜24歳層の完全失業率は4.4%（前年より0.2ポイント低下）であり，2%台ではない。また，2023年3月大学卒業予定者の4月1日時点での就職内定率は前年より上昇し，97.3%となった。

4 民間企業の実雇用率は11年連続で過去最高を更新して2.25%となったが，法定雇用率（2.3%）には及ばなかった。雇用障害者数が19年連続で過去最多を更新した，との記述は正しい。

5 日本の年間労働時間はドイツやフランスに比べて長い。また週49時間以上働いている労働者の割合も高い。2022年は，日本が15.3%（男性は21.8%）で，ドイツは5.3%（同7.7%），フランスは8.8%（同12.1%）だった。

No. 5 ▷正答 5

1 改正法は，65〜70歳の高年齢者就業確保措置として，①70歳までの定年引き上げ，②70歳までの「継続雇用制度」の導入，③定年廃止，④労使で同意したうえでの「雇用以外の措置」の導入，のいずれかをとることを事業主の努力義務とした。

2 改正法が定めたのは取得要件の緩和である。具体的には，「引き続き雇用された期間が1年以上」「子どもが1歳6ヶ月までの間に契約が満了することが明らかでない」の2つの要件のうち，前者を撤廃した（後者の要件は残存）。

3 改正法は，失業等給付にかかわる国庫負担率については，雇用情勢や雇用保険の財政状況に応じて変動させる仕組み（悪化している場合は4分の1，悪化していない場合は40分の1とする）を導入した。さらに別枠で機動的に国庫からの繰入れができる新たな制度も導入した。

4 改正法が事前の届出や事業の概況報告を義務づけたのは，求職者情報を収集する募集情報等提供事業者（特定募集情報等提供事業者）である。

5 **正解！** このほか，発注企業に対し，取引条件を書面あるいはメール等で明示すること，フリーランスの育児・介護に配慮すること，ハラスメント対策のための体制を整備すること等を義務づけた。

● 過去問研究

「科学技術」は時事の大黒柱

国家公務員試験の基礎能力試験の時事の出題は3問。理系受験者もいるためか，そのうちの1問はしばしば科学から出題されてきた。

時事がある試験だけではない。ありとあらゆる試験で，科学関連の時事問題は出題されている。科目は教養社会や社会事情が多いが，教養の自然科学で時事関連の選択肢が出たこともあった。いずれにせよ，公務員試験の時事で**科学は非常に高い頻度で登場しうるテーマ**だと思うべきだ。

出題の内容は多岐にわたる。5つの選択肢がそれぞれ別の科学分野から選ばれることもある。出題が多いのは**宇宙開発**。令和4年度の国家総合職で「はやぶさ2」が取り上げられたほか，国家一般職［大卒］の時事では元年度にイプシロンロケットが，4年度にはアメリカの民間宇宙事業が，そして5年度には「はやぶさ2」と生命の起源についてが，選択肢の1つに登場した。

また近年，**情報科学関連**の出題も頻出度がアップ。スパコンの「富岳」は，令和3年度の国家総合職に続き，4年度の国家総合職（教養区分），国家一般職［大卒］などで選択肢に登場。今後は「量子コンピュータ」に注意が必要だ。

「教育」では改革の方向性に注意

教育については，学習指導要領の改訂や高大接続改革が一段落し，今後は新たな教育振興基本計画やICT教育に出題がシフトする見込み。ちなみに，最近では令和2年度と4年度に国家一般職［大卒］で「わが国の教育等」についての出題があったし，元年度の国家専門職［大卒］や4年度の国家公務員就職氷河期世代試験では選択肢に学習指導要領が登場した。まだしばらく注意が必要だ。

科学や文化は話題性！

科学や文化の場合，話題性があるものは公務員試験に取り上げられやすい。科学ではノーベル賞，文化では世界遺産がその代表だ。

事実，令和2年度は特別区［I類］と国家総合職（教養区分）が吉野彰氏のノーベル化学賞受賞についての問題を出した。

世界遺産については，元年度の国家総合職が出題。3年度の警視庁警察官［I類］は日本の世界遺産のなかから無形文化遺産を選ぶ問題を出した。4年度は特別区［I類］が登録されたばかりの「北海道・東北の縄文遺跡群」を，5年度は国家一般職［大卒］が「奄美大島，徳之島，沖縄島北部及び西表島」と危機遺産をそれぞれ選択肢で出題した。

スポーツと部活動

暗記お助け

新しいスポーツ基本計画はスポーツによる経済成長や地域活性化を重視。スポーツ教育の在り方も再検討！

● スポーツ政策

☐ スポーツ庁‥‥2015年に発足した**文部科学省の外局**。学校体育やスポーツ選手の強化などのスポーツ政策を総合的に推進することに加え，スポーツによる国民の健康増進や障害者スポーツも担当する。

☐ スポーツ基本法‥‥**スポーツに関する基本法**。憲法13条の幸福追求権の考え方をスポーツに反映させ，「スポーツを通じて幸福で豊かな生活を営むことは，すべての人々の権利」であるとの**スポーツ権**を明記した。また，「スポーツは，心身の健康の保持増進にも重要な役割を果たすものであり，健康で活力に満ちた長寿社会の実現に不可欠」として，スポーツを通じた健康寿命の延伸を図るとしている。

☐ スポーツ基本計画‥‥スポーツ基本法に基づき5年ごとに策定。**第3期スポーツ基本計画**（2022 ～ 2026年度）は，東京オリンピック・パラリンピックのレガシーの発展を重視し，国際競技力のさらなる向上やスポーツを通じた共生社会の実現を掲げた。数値目標では，成人の週1回以上のスポーツ実施率を70％に引き上げることを明示。スポーツの成長産業化については，スポーツ市場を15兆円に拡大することを目指すとした。

● 部活動改革

☐ 運動部活動のガイドライン‥‥スポーツ庁が2018年に策定した中学校と高等学校の**運動部の活動時間の指針**。1日の活動時間（平日2時間，休日3時間）や1週間の休養日数（週2日以上）などを定める。

☐ 部活動指導員‥‥教員の代わりに**顧問とし**て部活動を担当する専門性を持った**外部指導員**。文科省予算で配置される。

☐ 部活動改革‥‥2023年度から**休日の部活動**は段階的に地域に移行。地域人材の協力でよりよい部活動の実現を図る。教師にとっては長時間労働の是正につながる。

スポーツの日

身体教育を意味する「体育」は「スポーツ」へ名称変更。「体育の日」は2020年から「スポーツの日」になった。「国民体育大会」も2024年の開催から「国民スポーツ大会」に変更される。

CHAPTER

9

文部科学

ノーベル賞

ここに注目 科学技術分野の話題として重視は当然。近年の日本人ノーベル賞受賞者の業績を一気に復習!

● 物理学賞と化学賞

☐ ニュートリノ‥‥**物質を構成する素粒子の1つ**。ニュートリノを世界で初めて観測した小柴昌俊氏が2002年にノーベル物理学賞を受賞。さらに,2015年には「**ニュートリノ振動の発見**」で梶田隆章氏が同賞を受賞した。

☐ 青色発光ダイオード(青色LED)‥‥製造法の確立により2014年に赤崎勇,天野浩,中村修二の3氏が物理学賞を受賞。青色LEDがあれば白色LEDがつくれるため,**LEDの実用化と普及**に大いに貢献したと評価されている。

☐ リチウムイオン電池‥‥**小型軽量のわりに出力が大きく,しかも寿命が長くて再充電可能な電池**。スマホ,ノートパソコン,電気自動車などで広く利用され,今や日常生活に不可欠なものとなっている。2019年の化学賞は,このリチウムイオン電池を開発した吉野彰氏(ほか2名)が受賞した。

☐ 気候変動モデル‥‥**大気や海洋の気候変動に関する物理モデル**。これにより地球温暖化を予測した真鍋淑郎氏らに2021年の物理学賞が授与された。

● 生理学・医学賞

☐ iPS細胞(人工多能性幹細胞)‥‥人体の特定部分に分化し成熟した細胞を遺伝子操作によって初期化し,**再び人体のあらゆる部分へと成長可能な状態**にした「万能細胞」。山中伸弥氏が2007年にヒトでの作製に初めて成功し,2012年に生理学・医学賞を受賞した。

☐ アベルメクチン‥‥土壌中の放線菌から産出される化合物。この発見とこれをもとに**寄生虫感染症に有効な抗生物質**をつくり出した功績により,2015年,大村智氏に生理学・医学賞が与えられた。

☐ オートファジー(自食作用)‥‥**タンパク質を自らの細胞内で分解する仕組み**で,細胞内のリサイクル・メカニズムを担っているとされる。オートファジーを促す遺伝子を特定するなど,この現象の解明に寄与したとして,2016年,大隅良典氏が生理学・医学賞を受賞した。

☐ がん免疫療法‥‥薬を使ってがん細胞に免疫の働きを阻止させないようにし,**免疫の力を増強してがん細胞をなくしていく治療法**。この治療法を開発した本庶佑氏には2018年の生理学・医学賞が授与された。

暗記お助け

日本の科学技術政策

ここに注目 科学技術の時事対策でも大事なのは政府の政策指針の確認。宇宙についても，まずは基本計画！

● 科学技術の基本政策

□科学技術・イノベーション基本法‥‥2020年成立。25年ぶりに「科学技術基本法」を改正し，**名称に「イノベーション」を加えた**。法的・倫理的課題の解決などを念頭に，振興対象に人文科学を追加。「科学技術・イノベーション推進事務局」を内閣府に設置することも定めた。

Society 5.0

狩猟社会，農耕社会，工業社会，情報社会に続く「超スマート社会」。サイバー空間とフィジカル空間が高度に融合し，経済的発展と社会的課題の解決がともに進み，人々が快適で活力に満ちた質の高い生活を送ることができる人間中心の社会になるとされる。

□科学技術・イノベーション基本計画‥‥2021年度から5年間の科学技術に関する国家戦略。ポストコロナ時代を見据え，**Society 5.0の具体化による社会のリデザイン**を前面に掲げた。また，感染症，災害，安全保障といった社会課題の解決にも科学技術・イノベーションを役立てるとした。

□ムーンショット型研究開発制度‥‥2020年，政府は**従来技術の延長にない大胆な発想に基づく挑戦的な研究開発**（ムーンショット型研究開発）の支援を制度化。「人と共生するロボット」の実現など10の目標を定め，長期的視野に立って日本発の破壊的イノベーションの創出を目指す。

● 各科学分野の基本政策

□宇宙基本計画‥‥宇宙基本法に基づき，定期的に定められる**日本の宇宙政策の基本方針**。2023年の改定基本計画は，安全保障における宇宙空間の重要性を強調し，2022年の国家安全保障戦略と宇宙政策の整合性を図った。また，宇宙ビジネスの育成と活性化を念頭に，民間企業や大学に対するJAXA（宇宙航空研究開発機構）の資金供給機能を強化した。

□バイオ戦略‥‥2019年策定（2020年一部改訂）。2030年までの**世界最先端のバイオエコノミー社会**の実現を掲げる。再生医療・遺伝子治療を支援し，バイオ素材・バイオプラスチックなどの開発を進める。

□量子未来社会ビジョン‥‥2022年策定。量子主要3分野（量子コンピュータ，量子暗号通信，量子計測・センシング）の開発と事業化を支援する。

CHAPTER

9

文部科学

話題の科学技術用語

話題のデジタル関連用語と宇宙開発関連用語を一気に整理。5択に登場しそうな関連用語も含め，幅広く学習！

● デジタル関連

☐ 5G‥‥**第5世代移動通信システム**。日本では2020年から本格展開。超高速（4Gの100倍の速さで通信が可能），超低遅延（タイムラグを意識せずに遠隔操作が可能），多数同時接続（膨大な数の端末やセンサーへの同時アクセスが可能）が特徴。携帯電話・携帯端末での情報通信だけでなく，**IoT（モノのインターネット）時代の産業用通信システム**としても期待されている。

☐ DX‥‥**デジタルトランスフォーメーション**。デジタル技術を活用してビジネスモデル，組織の在り方，働き方などを変革（トランスフォーム）すること。業務の効率化を目指すだけの「デジタル化」と異なり，人間生活や社会構造をも視野に入れた改革を目指す。

☐ データ駆動型科学‥‥仮説を立てて検証するのではなく，**大量のデータ解析から真理を探究する研究手法**。同様に，「データ駆動型社会」は，大量のデータ解析から経済の活性化策や社会問題の解決策を見出すことを意味する。

☐ 富岳‥‥**日本のスーパーコンピュータ**。2020年から5期連続で性能ランキング世界一を獲得した。2021年から共用が始まり，早速，感染症対策に役立つ飛沫の飛散シミュレーションなどに利用された。

☐ 量子コンピュータ‥‥**量子が持つ性質を使って高速計算を行う新しいタイプのコンピュータ**。すでに実用化段階に入っている。演算の継続により発生する量子的な誤りを直しながら，さらに高い精度で計算を実行する「誤り耐性型汎用量子コンピュータ」の開発も進められている。

☐ ブロックチェーン‥‥ネットワーク上にある端末どうしを直接接続し，**分散的に取引記録を保管するデータベース**。独特の暗号技術で改ざん困難なデータ処理ができることから，**暗号資産（仮想通貨）の基盤技術**となっている。

☐ NFT（Non-Fungible Token）‥‥**非代替性トークン**。簡単にコピーできるデジタルデータと違って，唯一無二であることを示す鑑定書や所有証明書つきのデジタルデータ。デジタルアートの取引などで利用されている。

☐ メタバース‥‥**インターネット上に置かれた3次元の仮想空間**。アバターを使って多くの人が同時に同じ仮想空間で活動できる。

● 宇宙開発関連

□H-ⅡAロケット‥‥日本の大型ロケット。2023年は46号機が「情報収集衛星レーダー7号機」を，47号機が月面探査機「SLIM（下記）」などを打ち上げた。

□H3ロケット‥‥**日本の最新大型ロケット**。特徴は利用用途に対応できる柔軟性と価格の低さ。2023年3月の1号機（試験機）は2段目のエンジンが着火せず，搭載していた先進光学衛星「だいち（下記）」3号機とともに破壊された。

H-ⅡBロケットと無人補給機（HTV：こうのとり）を使って日本が行ってきた国際宇宙ステーションへの物資輸送は，将来，H3ロケットと現在開発中の「HTV－X」によって実施されることになる。

□イプシロンロケット‥‥**日本の小型ロケット**。増大が見込まれる宇宙のビジネス利用に対応できる優れた運用コストが特徴。残念ながら，2022年の6号機の打ち上げは失敗に終わった。

□クルードラゴン‥‥**アメリカの民間企業「スペースX」が開発した有人宇宙船**。2020年から国際宇宙ステーションへの送迎に利用されている。

□小型月着陸実証機（SLIM）‥‥**月面着陸を目指す日本初の探査機**。小型・軽量で，降りたいところに降りる**ピンポイント着陸**ができる。月面には2024年1月に着陸の予定。

□Gateway‥‥NASA（アメリカ航空宇宙局）が主導し，日本を含む多国間協力で建設する**月周回有人拠点**。月面や火星に向けた中継基地として利用される。建設開始は2024年を予定。

□アルテミス計画‥‥アメリカ政府が進める**月面探査・開発プログラム**。日本も参加する。持続的な活動拠点を月面に建設し，火星有人探査を含む将来の宇宙開発での利用を目指す。

□だいち‥‥**先進光学衛星**。地球の全陸域を継続的に観測し，国土管理や災害状況把握などで活用される。

□いぶき‥‥**温室効果ガス観測技術衛星**。気候変動対策への貢献が期待されている。2018年，高性能センサーを搭載した2号機が打ち上げられた。

□みちびき‥‥**高精度の衛星測位サービスに活用される準天頂衛星**。2018年から4機体制でサービスを開始した。現在，7機体制の構築が進められている。

 はやぶさ2

2014年に打ち上げられた日本の小惑星探査機。2019年にはリュウグウと名付けられた小惑星に着地し，土壌サンプルを採取した。2019年12月にリュウグウを出発。2020年12月には，土壌サンプルの入ったカプセルを地球に届けることに成功した。

これまでの土壌分析からはアミノ酸や炭酸水が見つかっており，「小惑星が地球にもたらした有機物や水分が生命誕生につながった」とする学説の有力な証拠となる可能性がある。

改革が進む日本の教育

ここに注目　教育改革が義務教育でも高校・大学教育でも進んでいる。新たな教育行政の方向性をしっかりつかんでおこう！

● 教育行政の基本政策

□ **令和の日本型学校教育**‥‥2021年，中央教育審議会（中教審）は「**令和の日本型学校教育**」の構築を目指して（答申）を決定。子どもたちの多様化，生徒の学習意欲の低下，教師の長時間労働，情報化への対応の遅れ，少子化・人口減少の影響，感染症への対応など，学校教育が課題に直面していることを認めたうえで，「令和の日本型学校教育」を提唱した。

　授業の在り方については，「全ての子供たちの可能性を引き出す，**個別最適な学びと，協働的な学びの実現**」を図るべきであるとした。教員の役割については，子どもの「主体的な学びを支援する伴走者」と描写し，家庭や地域と連携しながら学校運営に当たるチームの一員としての責務を求めた。

□ **令和の日本型学校教育を担う教師の在り方**‥‥2022年，中教審は「**令和の日本型学校教育**」を担う教師の養成・採用・研修等の在り方について（答申）を決定。改革の方向性として，①「新たな教師の学びの姿」の実現（研修観の転換），②多様な専門性を有する質の高い教職員集団の形成，③教員志望者の多様化や教師のライフサイクルの変化を踏まえた育成と安定的な確保の3つを掲げた。

□ **教育振興基本計画**‥‥**教育振興に関する国家戦略**。第4期基本計画（2023～2027年度）のコンセプトは，「2040年以降の社会を見据えた**持続可能な社会の創り手の育成**」と「**日本社会に根差したウェルビーイング*の向上**」。基本方針には，①グローバル化する社会の持続的な発展に向けて学び続ける人材の育成，②誰一人取り残されず，全ての人の可能性を引き出す共生社会の実現に向けた教育の推進，③地域や家庭で共に学び支え合う社会の実現に向けた教育の推進，④教育DXの推進，⑤計画の実効性確保のための基盤整備・対話の5つを掲げた。

*ウェルビーイング＝生きがいや人生の意義なども含めた，身体的・精神的・社会的なよい状態。

GIGAスクール

　2019年，文科省はGIGAスクール実現推進本部を設置。義務教育段階における「1人1台端末」と，小中高校における高速通信環境の整備を柱とする「GIGAスクール構想」を打ち出した。端末の配布進展により，2021年度からは「1人1台端末」環境下での新しい学びがスタートした。

● 初等・中等教育

□**新学習指導要領**‥‥文部科学省が定める新たな**教育課程の基準**。2020年度に小学校，2021年度に中学校，2022年度に高等学校で全面実施された。小中高に共通の「育成を目指す資質」には，知識・技能の修得，思考力・判断力・表現力などの訓練のほかに「学びに向かう力や人間性など」の涵養（かんよう）を追加。また，教育過程の改善では「主体的・対話的で深い学び（アクティブ・ラーニング）」を重視するとした。

□**外国語教育**‥‥新学習指導要領では，小学校における「外国語活動」を3年生から開始。教科としての英語は5年生から教えることとなった。

□**全国学力・学習状況調査**‥‥**教育の成果を確認し，その改善を図るための調査**。毎年すべての小学6年生と中学3年生を対象に実施されている。2023年は国語，算数・数学，英語について実施。4年ぶりに実施された英語では「話す技能」に課題が見られた。

□**PISA**‥‥OECD（経済協力開発機構）が行っている**15歳時点の学習到達度の国際比較調査**。2022年調査で日本は，科学的リテラシーでは世界第2位，読解力では第3位，数学的リテラシーでは第5位だった（いずれも1位はシンガポール，OECD内に限ると日本は数学と科学で1位，読解で2位）。

□**教員による児童生徒性暴力防止法**‥‥2022年施行，性暴力の禁止や防止措置に加え，性暴力で免職となった元教員の復職を厳しく制限する。

● 高等教育

□**高大接続改革**‥‥**高校教育，大学教育，大学入試の3つの一体的改革**。「知識・技能」だけでなく，「思考力・判断力・表現力」を重視し，「主体性をもって学ぶ態度」の育成を図る。

□**教育未来創造会議**‥‥岸田首相が2021年に創設。高等教育の在り方や教育と社会の接続について集中的に議論する。

2022年の第一次提言「我が国の未来をけん引する大学等と社会の在り方について」は**理系人材の不足に対応した改革**を提言。自然科学分野の学生割合を5割程度にすることや，文理の枠にとらわれない大学の学部・学科の再編を求めた。また，貸与型奨学金については，柔軟な返還を可能にする「出世払い」の仕組みを提案。成人学習では，**リカレント教育（社会人の学び直し）**の促進を盛り込んだ。

2023年の第二次提言「**未来を創造する若者の留学促進イニシアティブ**」では，日本人学生の派遣や外国人留学生の受入れについて数値目標を設定。教育振興基本計画に盛り込まれ，実現が図られることとなった。

文化政策と世界遺産

ここに注目 今や文化政策は日本の活性化に不可欠。毎年のように増え続ける日本の世界遺産も一気に整理！

● 文化政策

□**文化芸術基本法**‥‥文化芸術振興基本法を改正し，2017年に施行。特徴は，観光・まちづくり，国際交流，福祉，教育，産業などの**関連分野と連携して文化芸術を推進する**とした点。食文化の振興，芸術祭の開催支援，高齢者・障害者の創造的活動の支援なども明記された。

□**文化芸術推進基本計画**‥‥文化芸術基本法に基づき策定。第2期基本計画（2023〜2027年度）は5年間に実施する文化芸術政策の方向性と具体策を定めた。重点取組では，文化資源の保存と活用のほか，創造的な文化活動の推進，次世代の育成，多様性の尊重，グローバル展開の加速，地方創生などを列挙。**デジタル技術を活用した文化芸術活動の推進**も掲げた。

□**文化財保護法等**‥‥2021年の改正法は，無形文化財・無形民俗文化財に登録制度を創設。祭りなど無形の文化財の保護を強化した。

□**文化観光推進法**‥‥2020年成立。文化財の観覧や文化体験などができる「**文化観光」の普及**に向け，文化施設の整備などを進める。

□**国立アイヌ民族博物館**‥‥北海道白老町の「**民族共生象徴空間（ウポポイ）**」の中核施設。2020年オープン。

□**博物館法**‥‥2022年改正。自治体施設などに限定されていた**博物館登録制度の対象を民間施設にも拡大**。デジタル化や文化観光での活用を支援する。

● 世界遺産

□**世界遺産**‥‥**人類が残すべき普遍的価値がある地域や建造物など**。世界遺産条約に基づき，UNESCO（国連教育科学文化機関）がリストを作成。自然遺産，文化遺産，複合遺産の3種があり，日本からは自然遺産5件と文化遺産20件が登録されている。

□**長崎と天草地方の潜伏キリシタン関連遺産**‥‥2018年に世界文化遺産に登録。17世紀

無形文化遺産

　芸能，慣習，祭礼，工芸などの保護を目的にUNESCOが登録する。

　日本からは能楽や歌舞伎のほか，和食（2013年）や和紙（2014年）も登録。その後，2016年には「山・鉾・屋台行事」が，2018年にはナマハゲなどの「来訪神」，2020年には茅葺きなどの「伝統建築工匠の技」，2022年には日本各地の盆踊りなどが「風流踊」として登録された。

から19世紀のおよそ250年に及ぶ禁教時代にもキリスト教の信仰をひそかに守り，禁教が終わった後にカトリック教会に戻った「潜伏キリシタン」に関連する12の遺産から構成されている。大浦天主堂（長崎市）や，島原の乱の舞台となった原城跡（長崎県南島原市）も指定された。

□百舌鳥・古市古墳群‥‥2019年に世界文化遺産に登録。仁徳天皇陵（大阪府堺市）をはじめとする4世紀後半から5世紀後半にかけてつくられた49基の古墳で構成。多様な大きさと形を持ち，全体として当時の社会政治構造を物語っている。

□奄美大島，徳之島，沖縄島北部及び西表島‥‥2021年，それぞれの島の一部地域が世界自然遺産に登録。指定地域がある琉球列島の中部・南部は，大陸からの分離・孤立によって特異的な生物進化が進んだ地域で，希少性の高い生物多様性が見られる。アマミノクロウサギ，ヤンバルクイナ，イリオモテヤマネコなど，絶滅危惧種も多く生息している。

□北海道・北東北の縄文遺跡群‥‥2021年，縄文文化を表す17遺跡が世界文化遺産に登録。採集・漁労・狩猟を基盤とした独特の定住生活を長期にわたり維持発展させてきたことが高く評価された。登録遺跡には，縄文時代の大規模集落の跡地である三内丸山遺跡（青森市）や「秋田のストーンサークル」として知られる大湯環状列石（秋田県鹿角市）が含まれている。

日本の世界遺産

年	区分	名称
1993	文化	法隆寺地域の仏教建造物
1993	文化	姫路城
1993	自然	屋久島
1993	自然	白神山地
1994	文化	古都京都の文化財
1995	文化	白川郷・五箇山の合掌造り集落
1996	文化	原爆ドーム
1996	文化	厳島神社
1998	文化	古都奈良の文化財
1999	文化	日光の社寺
2000	文化	琉球王国のグスク及び関連遺産群
2004	文化	紀伊山地の霊場と参詣道
2005	自然	知床
2007	文化	石見銀山遺跡とその文化的景観
2011	自然	小笠原諸島
2011	文化	平泉－仏国土（浄土）を表す建築・庭園及び考古学的遺跡群－
2013	文化	富士山－信仰の対象と芸術の源泉－
2014	文化	富岡製糸場と絹産業遺産群
2015	文化	明治日本の産業革命遺産　製鉄・製鋼，造船，石炭産業
2016	文化	ル・コルビュジエの建築作品－近代建築運動への顕著な貢献－
2017	文化	「神宿る島」宗像・沖ノ島と関連遺産群
2018	文化	長崎と天草地方の潜伏キリシタン関連遺産
2019	文化	百舌鳥・古市古墳群－古代日本の墳墓群－
2021	自然	奄美大島，徳之島，沖縄島北部及び西表島
2021	文化	北海道・北東北の縄文遺跡群

文部科学の基礎問題

No. 1　第3期スポーツ基本計画に関する次の記述のうち，妥当なのはどれか。

1　スポーツとのかかわり方について，「みる」から「する」への移行を強調した。

2　成人の週1回以上のスポーツ実施率について「70％に引き上げる」との数値目標を掲げた。

3　スポーツ団体の女性理事の割合を25％以上にすることを盛り込んだ。

4　スポーツ産業の市場規模についての数値目標は示されなかった。

5　東京オリパラ大会のレガシーとして，東京でのスポーツイベントの開催増加に期待を寄せた。

No. 2　教育用語に関する次の記述のうち，妥当なのはどれか。

1　「アクティブ・ラーニング」とは，心身の同時成長を目指し，体を動かしながら知識の習得を図る学習法である。

2　「リカレント教育」とは，違う教員によって行われる同一内容の繰り返し学習のことで，小学校教育での導入が検討されている。

3　「教員免許更新制」は，教員の資質・能力の維持をねらいに導入されたが，教師の負担が大きいことから，2022年に廃止された。

4　「高大接続改革」は，高校教育，大学教育，大学院教育の3つの一体的改革である。

5　「学級編制」とは公立小学校の1クラスの標準児童数（定足数）で，現在は「25人以上」と定められている。

No. 3　宇宙技術に関する次の記述のうち，妥当なのはどれか。

1　小惑星探査機「はやぶさ2」は，小惑星「リュウグウ」の土壌サンプルを地球に届けた後，大気圏内で燃え尽き消滅した。

2　国際宇宙ステーションへの物資輸送を担う無人補給機は，2020年まで9回にわたって，日本の主力大型ロケット「H3」により打ち上げられてきた。

3　先進光学衛星「いぶき」は，地球の全陸域を継続的に観測し，国土管理や災害状況把握などに寄与する。

4　月周回有人拠点「アルテミス」の建設計画に日本も参加している。

5　日本初の月面着陸を目指して開発された「SLIM」は小型・軽量で，ピンポイント着陸ができる。

正答と解説

No. 1 ▷正答 2

1 基本計画は，スポーツとのかかわり方について，「つくる」「つながる」など新たな「3つの視点」を提示した。「みる」から「する」への移行などは主張していない。

2 **正解！** ちなみに2022年度は52.3%だった。

3 基本計画には「40%に近づける」ことが明記された。

4 スポーツ市場では，15兆円への拡大を目指すとの数値目標が示された。

5 東京オリパラ大会のレガシーとして期待されたのは，各地での「スポーツによる地方創生・まちづくり」の加速化である。東京限定ではない。

No. 2 ▷正答 3

1 アクティブ・ラーニングは，主体的・対話的で深い学びである。一方的な講義形式ではなく，グループ活動や討論などを通じて実践する。

2 「リカレント教育」とは社会人の学び直しのことである。

3 **正解！** 10年ごとの免許更新時の「30時間以上の免許状更新講習」は，自主的な研修を教育委員会が記録管理する制度に改められた。

4 高大接続改革は，高校教育，大学教育，大学入試の一体的改革である。

5 学級編制は，2021年度からの5年間で，「40人以上」から「35人以上」に引き下げられる。

No. 3 ▷正答 5

1 はやぶさ2は，サンプル入りカプセルを地球に向けて投下した後，次の小惑星探査に向かって飛行を続けている。

2 9回の打ち上げを担ってきたロケットは「H−ⅡB」である。将来的には「H3」に移行するとしているが，時期は未定である。

3 先進光学衛星は「だいち」で，国土管理や災害対策を目的に全陸域を観測している。一方，「いぶき」は温室効果ガス観測技術衛星である。

4 月周回有人拠点の名前は「Gateway」で，多国間協力での建設が予定されている。一方，「アルテミス」は月面に建設される持続的活動拠点の名称である。日本はどちらにも参加している。

5 **正解！** 「降りたいところに降りる」ピンポイント着陸ができる。

No. 4　教育行政に関する次の記述のうち，妥当なのはどれか。

1　2021年，中央教育審議会は答申「令和の日本型学校教育」で，従来の「協働的な学び」を重視する姿勢を改め，今後の学校教育は「個別最適な学び」に力点を移すべきであるとした。

2　岸田内閣が創設した「教育未来創造会議」は，大学等と社会の在り方に関する2022年の第一次提言で，自然科学分野を専攻する学生の割合を全体の3分の1程度にまで高めるべきだと述べた。

3　「教育未来創造会議」の第一次提言では，日本の発展に貢献できる高度専門人材の育成が急務とされ，そのためには高校の初期段階で生徒に文理の選択を求め，理系学部への進学を促す必要があるとした。

4　2023年，「教育未来創造会議」は留学促進に関する第二次提言で，日本人学生の派遣を2033年までに仏独と同水準の50万人に増やすことを明記した。

5　2023年の「教育振興基本計画（第4期）」は，利他性や協働性といった協調的要素に偏った生活観・人生観を改め，能力や地位などの獲得的要素を重視した欧米型のウェルビーイング教育の導入を盛り込んだ。

No. 5　教育に関する次の記述のうち，妥当なのはどれか。

1　2020年度から小中高校で順次導入された新学習指導要領は，情報活用能力を算数・数学で育成することとし，特に中学校においては「プログラミングと情報セキュリティ」を数学の学習単元に加えた。

2　新学習指導要領は小学校における外国語教育を拡充し，1年生から英語に親しむための「外国語活動」を行い，3年生から教科としての英語を教え始めることとした。

3　「GIGAスクール構想」によって，すべての児童生徒への「1人1台端末」とすべての家庭での「高速通信環境」の整備が進んだ。文科省は2021年を「GIGAスクール元年」と位置づけて，新しい学びをスタートさせた。

4　新学習指導要領は，小中高校を通じて公共意識の醸成を重視し，主権者教育，消費者教育，防災教育などを充実させた。また，高校については新科目「公共」を追加した。

5　文科省は部活動について「教師が担うことが望ましい業務」としながらも，教員のワークライフバランスに配慮し，休日については学校の判断により部活動を外部業者に委託できるとしている。

正答と解説

No. 4 ▷正答 4

1 「令和の日本型学校教育」は，授業の在り方を「全ての子供たちの可能性を引き出す，個別最適な学びと，協働的な学びの実現」と表現した。協働的な学びを重視しなくなったわけではない。

2 現状の35％から5割程度に高めるとした。併せて，理系の女子学生を男子と同程度にまで増加させるとした。

3 提言は，理系離れが早期に決定づけられることを危惧し，高校初期での文理分断教育をやめることや，文理の枠にとらわれない大学の学部・学科の再編の必要性などを指摘した。

4 **正解！** 50万人の内訳は高校生12万人と大学生38万人である。コロナ前の派遣人数は合計22.2万人だった。また，外国人留学生の受入れについては40万人に増やすとしている（コロナ前は31.8万人）。

5 教育振興基本計画は，教育で意識される「良い生活・人生の意義」について，獲得的要素と協調的要素を一体的に育む「日本社会に根差したウェルビーイング」の実現を目指すとした。

No. 5 ▷正答 4

1 新学習指導要領は，情報活用能力を言語能力と同様に「学習の基盤となる資質・能力」と位置づけ，算数・数学にとどまらず，教科横断的に育成するとした。また，中学校では「プログラミングと情報セキュリティ」を技術・家庭科（技術分野）で学ぶ。

2 「外国語活動」は3年生から，教科としての英語を教え始めるのは5年生からである。なお，外国語教育の領域は，「聞く」「話す」「読む」「書く」の4つだったが，今回の改訂で「話す」が「話す（やり取り）」と「話す（発表）」の2つに分けられ，5領域に変更された。

3 GIGAスクール構想は，義務教育段階における「1人1台端末」と小中高校における「高速通信環境」の整備が柱である。各家庭に高速通信環境を整備するものではない。

4 **正解！** 「公共」は「現代社会」に代わる新しい必修科目で，高校1年ないし2年で履修する。

5 文科省は部活動について「必ずしも教師が担う必要のない業務」との認識を明確化している。休日の部活動は段階的に地域に移行され，多様な主体が会費制等で運営する「地域クラブ活動」が部活動を代替する。これは各学校の判断によるものではなく，全国的に実施されている。

 文部科学の予想問題２

No. 6　科学政策・科学技術に関する次の記述のうち，妥当なのはどれか。

1　2020年の「科学技術・イノベーション基本法」は，先端技術の開発に従事する理系人材の増加に施策を集中させるべきだとして，振興対象から人文科学を除外した。

2　2021年度から５年間の科学技術施策の指針を示した「科学技術・イノベーション基本計画」は，コロナ禍によってテレワークが普及したことなどを指摘し，科学技術政策としてSociety 4.0（情報社会）の確立を急ぐべきであると述べた。

3　日本の量子コンピュータ「富岳」は，2021年から研究機関を対象とした共用が始まり，早速，コロナ対策に向けた飛沫の飛散シミュレーションなどに利用され，成果を上げた。

4　2019年のノーベル化学賞を受賞した吉野彰氏などが開発したリチウムイオン電池は，酸素と水素の反応を利用することから，自動車などに搭載した場合，二酸化炭素の排出に伴う環境汚染を少なくできる。

5　業務の効率化を目的とすることが多い「デジタル化」と異なり，「DX（デジタルトランスフォーメーション）」は，一般にデジタル技術によるビジネスモデル，組織の在り方，働き方などの変革を意味する。

No. 7　日本の文化行政と世界遺産に関する次の記述のうち，妥当なのはどれか。

1　2023年に閣議決定された第２期文化芸術推進基本計画は，文化資源の保存と活用，次世代の育成，地方創生の推進などと並んで，デジタル技術の活用を重点取組に掲げた。

2　2020年の文化観光推進法は，文化観覧や文化体験などによる「文化観光」の普及に向け，文化財の保護や滅失・散逸の防止に向けた施策を国と自治体が協力して推進することを目標に掲げている。

3　2020年，沖縄県本部町に琉球文化の復興と発展のナショナルセンターとして「民族共生象徴空間」が開業した。ここには中核施設として「国立琉球民族博物館」も置かれている。

4　2021年，UNESCOは「北海道・北東北の縄文遺跡群」を世界文化遺産として登録した。古代遺跡であることに加え，縄文文化が漁業・林業を伴う独特の農耕社会を維持・発展させてきた点が高く評価された。

5　2021年，UNESCOは「奄美大島，徳之島，沖縄島北部及び西表島」を世界自然遺産として登録した。政府は該当地域を１つの国立公園に指定し，環境省が自然保護ならびに地域管理を専任で行う体制を整えた。

 正答と解説

No. 6

▷正答　5

1 産業育成や法的・倫理的課題などで，科学やイノベーションは人間や社会の在り方と密接不可分になっているとして，社会科学を含む「人文科学」を振興対象に追加した。

2 基本計画が掲げているのは，狩猟社会，農耕社会，工業社会，情報社会に続く「超スマート社会」を意味するSociety 5.0の加速化である。Society 5.0では，AI等を使った情報処理によりスマート化が進展したり，サイバー空間とフィジカル空間の融合で生活の質が向上したりするとされている。

3 「富岳」は量子コンピュータではなく，スーパーコンピュータである。すでに共用されていて，感染症対策（飛沫の飛散シミュレーション）や防災対策（線状降水帯の発生予測）に利用された実績がある。

4 酸素と水素の反応を利用する電池は，リチウムイオン電池ではなく燃料電池である。なお，小型・長寿命で再充電できるリチウムイオン電池は，携帯電話やノートパソコンなどの普及を後押ししたといわれている。

5 **正解！**　デジタル化はアナログで行っていた業務をデジタル化することなので，技術の導入により比較的簡単に達成できる。一方，DXは業務や組織などに新しい価値をもたらそうとするもので，風土や文化にもかかわることから簡単に実現できるものではないとされている。

No. 7

▷正答　1

1 **正解！**　デジタル技術を活用した文化芸術活動の推進だけでなく，デジタル技術を用いた文化財の保存・活用なども行う。

2 文化財の保護や滅失・散逸の防止については，文化観光推進法ではなく，2018年の改正文化財保護法等が定めている。

3 2020年に開業した「民族共生象徴空間」はアイヌ文化の復興と発展のためのナショナルセンターで，北海道白老町にある。中核施設は「国立アイヌ民族博物館」である。

4 定住生活には本格的な農耕が伴うのが通例であるが，縄文文化は採集・漁労・狩猟を基盤とし，農耕を伴わない自然共生型の定住生活を特徴としている。

5 世界自然遺産となった地域には，3つの国立公園（奄美群島，やんばる，西表石垣）が置かれている。また，該当地域の管理は，国と自治体が連携して実施する。

CHAPTER

2

文部科学

● 過去問研究

なんといっても「温暖化対策」

　環境保護はグローバルな政策課題。そのため出題の多くは環境破壊の現状よりも「環境保護に対する国際的な取組み」に向けられてきた。2020年に協定実施期間が始まった地球温暖化対策の**国際的枠組みである「パリ協定」と関連する国際会議については，出題を前提とした対策が必要**だ。なお，2023年12月のCOP28では化石燃料からの脱却加速が合意された。重要な一歩となることから，今後の出題を想定した対応が不可欠だろう。

　パリ協定については，国家一般職［大卒］が令和元年度の「時事」と2年度の「国際関係」で出題。東京都［Ⅰ類A］でも2年度と4年度に，直近の締約国会議の内容を含めた出題があった。

　温暖化対策については**日本の対策も重要な出題テーマ**。国家専門職［大卒］では4年度に改正地球温暖化対策推進法が選択肢に登場し，5年度には日本の温室効果ガス排出量が取り上げられた。また，5年度の国家総合職では改正建築物省エネ法が選択肢入りした。

「プラスチックごみ」が急上昇

　「プラスチックごみ」対策について政府は2019年に「**プラスチック資源循環戦略**」を策定。2021年には「**プラスチック資源循環促進法**」が成立した。すると，令和元年度の国家総合職が時事の選択肢で海洋のプラスチックごみ問題の最新動向に言及。2年度は東京消防庁消防官［Ⅰ類］が，4年度は東京都［Ⅰ類B］が取り上げた。

　2021年には**使い捨てプラ製品の削減対策**が前進。さっそく4年度の警視庁警察官［Ⅰ類］の選択肢に登場した。5年度は国家専門職［大卒］でやはり選択肢入り。まだしばらくは注意が必要だ。

生物多様性，今年の注目は？

　よく出題されるのはレッドリストや，ヒアリのような「外来生物」対策。令和3年度の国家専門職［大卒］の「わが国の生物をめぐる動向」の問題でも正答はヒアリだったし，5年度の国家総合職の「わが国における2022年の法改正」の問題でも，正答はヒアリ対策の強化を図る改正外来生物法だった。

　2022年の生物多様性条約締約国会議では新目標が決定。これを受けて日本も新しい「生物多様性国家戦略」を策定した。関連キーワードは「30by30」や「ネイチャーポジティブ」。出題を前提にチェックしておこう。

暗記お助け

パリ協定

 ここに注目 「パリ協定」は地球環境を守る画期的な合意。まずは温暖化対策の国際的な取組みをしっかり押さえよう！

☐ **IPCC（気候変動に関する政府間パネル）**····国連環境計画などが1988年に設立した国際組織。各国の科学者などが**気候変動に関する科学的知見を評価**している。2021年の第6次報告では，地球の気温は1850〜1900年水準に比べ，**2040年までに1.5度上昇する可能性が高い**と結論づけた。

☐ **気候変動枠組条約（地球温暖化防止条約）**····**温室効果ガス排出と気候変動に関する基本条約**。国連環境開発会議で1992年に採択，1994年に発効。毎年，締約国会議（COP）を開催している。

☐ **パリ協定**····2015年のCOP21（第21回気候変動枠組条約締約国会議）で採択された**新たな地球温暖化対策の国際的枠組み**。各国の批准を経て2016年に発効した。すべての国連加盟国と地域が参加。参加国は温室効果ガス削減の自主目標を作成して国連に提出し，国内対策を実施する義務を負う。協定実施期間は2020年にスタート。2023年には削減の進展状況が初めて検証された。

目標は，産業革命（18世紀半ば）前からの**気温上昇を2度未満に抑える**ことだったが，2021年に「**1.5度未満**」に改められた。目標達成に向け，**先進国には途上国に対する資金支援**も義務づけられた。

☐ **COP27**····2022年11月にエジプトで開催。途上国を対象に，干ばつや洪水といった**気候変動による「損失と損害」に特化した支援を行う新しい基金の創設**を決定した。

☐ **COP28**····2023年12月にアラブ首長国連邦のドバイで開催され，**化石燃料からの脱却加速**で合意。**世界の再生可能エネルギーを2030年までに3倍にする誓約**に日本を含む118か国が賛同した。

SDGs

2016〜2030年に国際社会が達成を目指す「持続可能な開発目標」の略称。17分野を国連は次のように表現。

①貧困をなくそう，②飢餓をゼロに，③すべての人に健康と福祉を，④質の高い教育をみんなに，⑤ジェンダー平等を実現しよう，⑥安全な水とトイレを世界中に，⑦エネルギーをみんなにそしてクリーンに，⑧働きがいも経済成長も，⑨産業の技術革新の基盤をつくろう（インフラ整備），⑩人や国の不平等をなくそう，⑪住み続けられるまちづくりを，⑫つくる責任，つかう責任（持続可能な生産・消費），⑬気候変動に具体的な対策を，⑭海の豊かさを守ろう，⑮陸の豊かさも守ろう，⑯平和と公正をすべての人に，⑰パートナーシップで目標を達成しよう（実施手段）。

日本政府は，2016年に具体策を盛り込んだ「持続可能な開発目標実施指針」を策定。2019年に改訂した。

日本の地球温暖化対策

 温暖化対策については日本もさまざまな政策を打ち出している。GXやカーボンプライシングなど，新しい用語にも着目！

● 日本の温暖化対策

□ **日本の削減目標**‥‥日本が国際公約とした中期目標は，温室効果ガスを2013年度比で「**2030年度までに46％排出削減**」すること。長期目標は，温室効果ガスの排出を実質ゼロとする「**カーボンニュートラル**」を2050年までに**実現**させることだ。

□ **温室効果ガス排出量**‥‥2021年度の日本の温室効果ガス排出量は**前年度比で2.0％の増加**（2020年度は5.1％の減少）。総排出量から「森林等の吸収源対策による吸収量」を引いた量は，基準年比（2013年度）で**20.3％の減少**。

□ **地球温暖化対策推進法**‥‥2021年の改正法は「2050年までの脱炭素社会の実現」を法律に明記し，実現に向けた政策指針を示した。重視されたのは，**再生可能エネルギーを利用した「地域の脱炭素化」**。市町村が実施目標や促進地域を定めて，太陽光発電や風力発電などの円滑な導入を図るとした。

□ **地球温暖化対策計画**‥‥2021年改定。新たな長期・中期目標の実現に向けた部門別の削減目標や施策などを取りまとめた。

□ **地域脱炭素ロードマップ**‥‥脱炭素社会づくりに向け，**2030年までに地域で実施する施策**。少なくとも100か所の**脱炭素先行地域**をつくり，国が支援する。農山漁村や都市部などの地域特性に応じた道筋を見いだし，日本各地に拡大していく。

□ **脱炭素化支援機構**‥‥脱炭素の取組みを資金面から後押しする**新たな官民ファンド**。2022年の改正地球温暖化対策推進法で設立された。政府と民間金融機関が出資し，民間事業者が運営する。

□ **気候変動適応計画**‥‥2019年策定。**気候変動がもたらす被害の軽減策**を政策分野ごとに取りまとめた。具体策は，高温を好む品種への転換（農林水産分野），豪雨氾濫に対する減災体制整備（自然災害分野），熱中症や感染症のリスク対策（健康分野）など。熱中症対策のさらなる強化に向け，2023年に一部が改正された。

 ESG金融

環境保護（Environment），社会課題（Social），企業統治（Governance）に配慮する金融活動。利用する日本企業は急増しており，2020年のESG金融の投資残高は2016年に比べ約6倍になった。

□フルオロカーボン（フロン類）‥‥炭素や
フッ素などからなる有機化合物の一種。な
かにはCO$_2$の１万倍を超える**温室効果**を持
つものがある。成層圏にあって有害な紫外
線を吸収し，地上の生態系を保護してくれ
る「**オゾン層**」も破壊する。

□フロン排出抑制法‥‥2019年改正。エアコンや冷蔵庫などで利用されている
フルオロカーボンの廃棄時の回収率向上に向けた対策を進める。

□建築物省エネ法‥‥2022年改正。**住宅を含むすべての新築の建物に断熱性能**
などの省エネ基準を義務づけた。

● 経済と環境の好循環

□エネルギー基本計画（第6次）‥‥2021年改定。総発電量に占める電源構成
の目標を明示。**再生可能エネルギーを主力電源化して，その割合を36～
38％に高める**。また，原子力の割合も，安全確保を大前提として，20～
22％に引き上げる。一方，火力発電については，非効率的な石炭火力発電の
フェードアウトなどを進め，41％まで減らすとした。

□グリーン成長戦略‥‥2020年策定。政府が掲げる「2050年カーボンニュート
ラル」への挑戦を「**経済と環境の好循環**」につなげるための産業政策。洋上
風力発電の積極的導入や乗用車の新車をすべて電動車にすることなどを盛り
込んだ。

□GX（グリーントランスフォーメーション）‥‥**環境問題を解決しつつ，経
済社会システムを変革していくこと**。政府は2022年に「**GX実現に向けた基
本方針**」を決定。再生可能エネルギーの主力電源化や次世代原子力発電所の
開発・建設等を盛り込んだ。また，巨額のGX投資を官民協調で行うため「**GX
経済移行債**」を発行し，財源確保に向け「**成長志向型カーボンプライシング
構想**」を実行するとした。

□カーボンプライシング‥‥**炭素排出に価格をつけ，排出者の行動変容を促す
政策手法**。2022年の「GX実現に向けた基本方針」は，余剰分や不足分を市
場で売買する**排出量取引制度**と，化石燃料の輸入事業者などに対する**賦課金
制度**の導入を掲げた。

□省エネ法‥‥2022年改正。「エネルギー」の定義を改め，化石由来のものだ
けでなく，対象に太陽光などの**非化石エネルギーを加えた**。また，産業部門
のエネルギー使用量の４割を占める主要５業種（鉄鋼業・化学工業・セメン
ト製造業・製紙業・自動車製造業）に対し，**非化石エネルギーへの転換計画**
の作成を求めた。

守ろう生態系！

ここに注目 生物多様性条約の締約国会議で新目標が決定。生態系の保全に関する重要語句をまとめて確認！

● 生物多様性

☐ **生物多様性**‥‥生物の生態の違いを包括的に表す概念。**種の多様性**（多種多様な生物の存在），**生態系の多様性**（生物が生活する多様な環境），**遺伝子の多様性**（個々の生物種のなかの多様性の発現）という３つの観点を含む。

☐ **生物多様性条約**‥‥1992年の**国連環境開発会議（地球サミット）**で採択。目的に，①生物多様性の保全，②生物資源の持続可能な利用，③遺伝資源がもたらす利益の公正かつ衡平な配分を掲げる。

☐ **昆明・モントリオール生物多様性枠組**‥‥第15回生物多様性条約締約国会議は，2021年に中国の昆明市で第１部を，2022年にカナダのモントリオール市で第２部を開催。2030年までの新目標をまとめた「**昆明・モントリオール生物多様性枠組**」を採択した。

　同枠組みは，「2030年までに世界の陸域と海域の少なくとも30％以上を保護区にする」という目標（**30by30＝サーティ・バイ・サーティ**）のほか，外来種の侵入を少なくとも50％削減することや，気候変動の生物多様性への影響を最小化することなどを目標に盛り込んだ。また，参加する途上国に対する資金支援についても合意が得られた。

☐ **生物多様性国家戦略**‥‥2023年改定。「**2030年ネイチャーポジティブ（自然再興）**」の実現を掲げる。基本戦略のうち，「自然を活用した社会課題の解決」では，生態系再生による温室効果ガス対策や自然を活かした地域づくりなどを進めるとしている。

☐ **SATOYAMAイニシアティブ**‥‥人の営みにより形成された「**里山**」のような「**２次的自然地域**」を持続可能な形で利用し，自然共生社会を実現しようとする取組み。日本政府は世界各国への普及を図っている。

● 野生動物の保護管理

☐ **レッドリスト**‥‥**絶滅のおそれがある野生生物をランク別にまとめた報告書**。日本のリストは環境省が，世界のレッドリストは国際自然保護連合が作成している。これらによると，日本の絶滅危惧種は3716種（2020年版），世界の絶滅危機種は４万1459種（2022年版）となっている。

☐外来生物法‥‥**特定外来生物**（日本の生態系に害を及ぼす海外起源の外来生物）を指定し，その飼養，栽培，保管，運搬，輸入などを規制し，駆除を進める。2022年の改正法では，毒性の強いヒアリを念頭に，緊急性の高い外来生物への対策が強化された。

☐鳥獣保護管理法‥‥鳥獣の保護と「適正管理」を定めた法律。シカやイノシシによる農林業への被害が拡大していることを受けて2015年に改正され，名称も鳥獣保護法から鳥獣保護管理法に変更された。

☐捕鯨‥‥捕鯨を行う国は少数派。国際捕鯨委員会での日本の提案は，いくら科学的根拠があっても，常に否決されてきた。そこで日本は国際捕鯨委員会を脱退し，2019年から自国の領海と排他的経済水域に限定して，しかも十分な資源が確認された3種のクジラのみを対象に，**商業捕鯨を再開**した。

● 循環型社会

☐地域循環共生圏‥‥**都市と農山漁村が資源を補完し，支え合う仕組み**。農山漁村から都市へは自然資源や生態系サービスがもたらされ，都市から農山漁村へは資金や人材が提供されるといった循環が期待されている。

☐大阪ブルー・オーシャン・ビジョン‥‥**海洋プラスチックごみの新たな発生を2050年までにゼロにする**とのビジョン。2019年のG20大阪サミットで共有が合意され，2023年のG7閣僚会合では目標年度を2040年に前倒しした。

☐循環型社会基本計画（第4次）‥‥2018年閣議決定。地域循環共生圏形成による地域活性化（バイオマスの地域内での利活用等），ライフサイクル全体での徹底的な資源循環（食品ロスの削減等），適正処理のさらなる推進と環境再生（海洋ごみ対策等）などに取り組むとした。

☐プラスチック資源循環戦略‥‥2019年策定。国内でのプラスチック資源の循環体制の早期構築を図る。**2030年までにワンウェイ（使い捨て）プラスチックを25%抑制する**こと，生物由来の原料でつくられたバイオマスプラスチックの利用を約200万トンにまで高めることなど，数値目標も掲げている。2020年には，すべての小売店でプラスチック製レジ袋の有料義務化が実施された。

☐プラスチック資源循環促進法‥‥2021年成立。プラ製品に関する環境配慮設計の推進，プラ製品のリサイクル促進，**使い捨てプラ製品の削減**などの指針を定める。

使い捨てプラ製品対策

プラスチック資源循環促進法に基づき，政府は政令で使い捨てプラ製品の使用基準を策定。年5トン以上使う事業者に削減義務を課し，取組みが不十分な場合には社名公表や罰金などの措置をとると定めた。

削減対象は12品目。コンビニやスーパーが渡すストローやスプーン・フォーク，宿泊施設にあるヘアブラシや歯ブラシ，クリーニング店が使うハンガーなどだ。今後，有料化や紙製品などへの変更が進むに違いない。

問題演習 環境の基礎問題

No. 1 「パリ協定」に関する次の記述のうち,妥当なのはどれか。

1　パリ協定では,先進国と新興国だけが温室効果ガス削減に向けて努力することになり,途上国は削減努力を免除された。

2　2020年に協定実施期間が始まったにもかかわらず,CO_2最大排出国の中国はまだパリ協定を批准していない。

3　パリ協定は,参加した先進国に対し,「2050年までの排出ゼロ」を義務づけている。

4　パリ協定の目標は「産業革命前からの気温上昇を5度未満に抑える」ことである。

5　2023年の気候変動枠組条約締約国会議(COP28)では,世界全体の再生可能エネルギー設備容量を2030年までに3倍にする誓約に,日本を含む118か国が賛同した。

No. 2 環境用語に関する次の記述のうち,妥当なのはどれか。

1　「地域循環共生圏」は,都市から自立して資源循環を図る農山漁村が構成する環境保護圏域である。

2　「ESG金融」とは,エネルギー持続目標を守る企業向けの金融であり,欧米諸国同様,日本でも普及促進が図られている。

3　「再生可能エネルギー」とは,永続的に利用できるエネルギー源であり,太陽光,風力,地熱のほか,原子力も含まれる。

4　「シェアリング・エコノミー」とは,インターネットなどを介して所有する資産を他の個人などに有効利用してもらう経済活動である。

5　「フルオロカーボン」は,CO_2を超える温室効果を持つため世界で削減が進められているが,日本ではまだ対策がなされていない。

No. 3 生態系に関する次の記述のうち,妥当なのはどれか。

1　2022年の生物多様性条約締約国会議は,2030年までの新目標をまとめた「昆明・モントリオール生物多様性枠組」を採択した。

2　30by30(サーティ・バイ・サーティ)とは,2030年までに絶滅危惧種の30%で,自然生息数の増加を実現させるとの政策目標である。

3　生態系再生は温室効果ガス対策にはならない。

4　日本の生態系に害を及ぼすおそれのある外来種については,外来生物法が野生での駆除を認めているが,輸入や飼養等は禁止されていない。

5　日本の生態系サービスの劣化は里地里山においても進行しており,そのため近年,ニホンジカやイノシシの数と生息域が減少している。

正答と解説

No. 1 ▷正答 5

1 パリ協定には途上国も参加し，世界196の国と地域が協力して温室効果ガスの削減を進める。
2 中国は2016年にパリ協定を批准した。
3 削減量について協定は参加国に何も義務づけていない。参加国は自主的に削減目標を決めて国連に提出し，国内対策を進める。
4 5度未満ではなく2度未満である。その後，2021年の気候変動枠組条約締約国会議（COP26）で1.5度未満が全体目標になった。
5 **正解！** なお，この会議で日本は，排出削減対策のない石炭火力発電所を新たに建設しないと表明した。

No. 2 ▷正答 4

1 地域循環共生圏は，都市と農山漁村が資源を補完し，支え合う仕組みである。都市から自立を促すものではない。
2 ESG金融とは，環境保護（Environment），社会課題（Social），企業統治（Governance）に配慮した金融のことである。
3 再生可能エネルギーに原子力は含まれない。
4 **正解！** 資源が効率的に利用でき，環境保護に役立つ。カーシェアリングのほか，最近ではサイクルシェアリングなども普及してきている。
5 日本では2020年に改正フロン排出抑制法が施行され，フルオロカーボン廃棄時の回収率向上に向けた対策が世界に先駆けて進められている。

No. 3 ▷正答 1

1 **正解！** 「30by30」のほか，外来種の侵入の50％削減などを盛り込んだ。
2 2030年までに世界の陸域と海域の少なくとも30％以上を生態系の保護区にするとの目標である。
3 森林の保護・育成などは温室効果ガス対策になる。
4 日本の生態系に害を及ぼすおそれのある「特定外来生物」については，輸入や飼養等も原則禁止とされている。
5 耕作放棄地などが増えた結果，ニホンジカやイノシシの数と生息域が増加し，農林業への被害が拡大している。

No. 4　温暖化対策に関する次の記述のうち，妥当なのはどれか。

1　2023年の『環境・循環型社会・生物多様性白書』によると，2021年度の日本の温室効果ガスの総排出量は，省エネや電力の低炭素化などが進んだことから，前年度比で2.0％の減少となった。

2　温室効果ガスの排出削減に関する中期目標について，日本政府は2013年度比で「2030年度までに46％削減」を掲げてきたが，コロナ禍で見通しが悪化したため，2021年に「2030年度までに26％削減」に改められた。

3　日本は2020年，産業，家庭，運輸などから排出される「温室効果ガスの総排出量」を完全にゼロとする「カーボンニュートラル」を2050年までに目指すと宣言した。

4　2021年に改定されたエネルギー基本計画は，2030年度の総発電量に占める電源構成について，再生可能エネルギーの比率を倍増させ，火力発電と原子力の比率を大きく引き下げることを目標に掲げた。

5　2023年に閣議決定された「GX実現に向けた基本方針」は，GXに必要となる資金を賄うため，「GX経済移行債」を発行し，「成長志向型カーボンプライシング制度」を導入するとした。

No. 5　プラスチックごみ対策に関する次の記述のうち，妥当なのはどれか。

1　2019年のG20大阪サミットでは，「海洋プラスチックごみの新たな発生を2030年までにゼロにする」との「大阪ブルー・オーシャン・ビジョン」共有を決定した。

2　2019年，政府は「プラスチック資源循環戦略」を策定し，食品包装などで使われる「ワンウェイのプラスチック」については，2030年までに半減すると宣言した。

3　2020年からプラスチック製レジ袋の有料義務化が実施されたが，生物由来の原料でつくられたバイオマスプラスチックの配合率が25％以上のものは対象外とされている。

4　2021年に成立した「プラスチック資源循環促進法」は，プラスチックごみの削減促進に向け，メーカーや小売業者に対して「使用済プラ製品の自主回収」を禁止した。

5　「プラスチック資源循環促進法」により，ストロー，スプーン，フォークなどの「使い捨てプラ製品」は，原則として飲食店での使用が禁止となった。

正答と解説

No. 4
▷正答 5

1 2020年度は前年度比5.1％の減少（7年連続）だったが，2021年度はコロナ禍からの経済回復でエネルギー消費量が増えたこともあり，前年度比2.0％の増加に転じた。

2 2021年，日本の排出削減の中期目標（2030年度まで）は，2013年度比で「26％削減」から「46％削減」に改められた。さらに「50％削減」に向けた挑戦を続けるとの決意も表明している。

3 「カーボンニュートラル」とは，「総排出量」から「森林等の吸収源対策による温室効果ガス吸収量」などを差し引いて，「実質ゼロとする」とすることである。

4 再生可能エネルギーの比率の引き上げと火力発電の比率の引き下げは正しいが，原子力については2019年度の6％を2030年度には20～22％に引き上げるとした。

5 **正解！**　カーボンプライシング制度で企業の炭素排出に価格がつけられると，GX製品・事業の付加価値が向上する。その際，企業が負担するコストはGX経済移行債の償還に当てることができる。

No. 5
▷正答 3

1 2030年ではなく「2050年までにゼロにする」とのビジョンを共有した。その後，2023年のG7閣僚会合で，目標年限を2040年に前倒しすることが合意された。

2 プラスチック資源循環戦略が，ワンウェイ（使い捨て）プラスチックについて掲げたのは，使用量の25％抑制である。

3 **正解！**　プラスチック資源循環戦略は，バイオマスプラスチックの利用について，2030年には最大限（約200万トン）に高めるとの数値目標を掲げている。

4 プラスチック資源循環促進法は，リサイクル事業者を経由せずに再利用可能な材料を集められるように，メーカーや小売業者による「使用済プラ製品の自主回収」を容認した。

5 同法の施行令で，使い捨てプラ製品を年5トン以上使用する飲食店などの事業者は，従来の無料配布を有料化するなどの削減策が求められることとなった。使用が禁止されたわけではない。

第11章 司法警察

●過去問研究

六法改正は必修

　司法・警察関係の出題では大きな法改正や制度改正が頻出。なかでも**六法の改正内容は必修事項**だ。近年は，民法や刑法を中心に六法関係の抜本的な改正が相次いでいるだけに，時事だけでなく，専門試験の法律科目でも出題される可能性が高まっている。過去問を使って学習している場合は，古い記述を鵜呑みにしないよう注意が必要だ。

　六法関係での注目は民法。近年，改正が目白押しだからだ。令和元年度の国家総合職と国家一般職［大卒］の基礎能力試験，３年度の国家総合職（教養区分）の基礎能力試験では，2018年の改正法（成年年齢引き上げ等）が選択肢に取り上げられた。また，民事訴訟法については，2022年の改正法（民事裁判手続のIT化等）が５年度の国家総合職の基礎能力試験にさっそく登場した。今年の試験の出題候補は，2022年末に成立した改正民法（親子法制）。ポイントを頭に入れておきたい。

　刑法にも注意が必要。2022年の改正刑法（拘禁刑等）は，令和５年度の国家総合職の基礎能力試験や東京消防庁消防官［Ｉ類］の教養試験に早くも登場済みだ。刑法は2023年にも改正されている。刑事訴訟法と併せて要注意だ。

法改正に警戒せよ

　六法以外でも，**司法・警察絡みの法改正はけっこう出題されている**。令和５年度の東京消防庁消防官［Ｉ類］では，上記の改正刑法と同じ問題で改正少年法も取り上げられていた。４年度の国家専門職［大卒］の基礎能力試験の選択肢には，改正少年法や改正著作権法が登場した。また，改正道路交通法については，３年度の東京都［Ｉ類B］で内容を問う出題があったし，４年度の東京都［Ｉ類A］でも選択肢に取り上げられていた。

　2023年の改正法では，入管法やDV防止法を中心に学習しておこう。

 「警察統計」にも目配りを！

　警察分野では，犯罪や交通事故に関する統計にも注意が必要。犯罪の認知件数や交通事故死者数などだ。

　これらは近年減少傾向にあるが，2022年の刑法犯認知件数は増加した。警察関係の基礎データである以上，念のためチェックしておきたい。

暗記お助け
六法改正の重要用語

ここに注目 近年相次ぐ六法の改正。公務員試験対策では不可欠の知識だ。改正内容を一気にフォロー！

☐ **民法（親子法制）**‥‥2022年の改正民法は，①**「嫡出推定」**制度を見直し（再婚した場合は，離婚の日から300日以内に生まれた子でも今の夫の子とする例外を定める等），②「嫡出否認」制度を拡充（嫡出否認権を子どもと母親等にも拡大，嫡出否認の訴えができる期間を延長する等），③**「懲戒権」の規定を削除**し，子どもに対する体罰の禁止を明文化。

☐ **民事訴訟法**‥‥2022年の改正法は，①**民事裁判をIT化**（提訴から判決までのすべての手続きをオンライン化），②法定審理期間訴訟手続（手続き開始から6か月以内に審理を終え，その後1か月以内に判決を言い渡す）を創設。

☐ **所有者不明土地**‥‥2021年の改正民法等（改正不動産登記法を含む）・相続土地国庫帰属法は，①不動産登記について**相続登記・住所変更登記の申請を義務化**，②相続土地国庫帰属制度を創設，③所有者不明土地・建物管理制度を創設，④共有者が不明な場合の共有地の利用の円滑化を図る仕組みを整備，⑤長期間経過後の遺産分割を見直し。

☐ **刑法**‥‥2022年の改正刑法は，①**「懲役」**と**「禁錮」**を廃止し，**「拘禁刑」**に**一本化**，②**「侮辱罪」**を厳罰化（「拘留（30日未満）または科料（1万円未満）」のみだった法定刑に「1年以下の懲役・禁錮または30万円以下の罰金」を追加した）。

☐ **刑法・刑事訴訟法**‥‥2023年の改正刑法・刑訴法は，①**「不同意性交等罪」**などの成立要件を明確化（暴行・脅迫，心身障害，アルコール・薬物，意識不明瞭，いとまの不存在，恐怖・驚愕，虐待，地位による影響力等により，同意しない意思を形成・表明・全うすることが難しい状態にさせること），②「性交同意年齢」を13歳から16歳に引き上げ，③配偶者間でも不同意性交等罪などが成立することを明確化，④「16歳未満の子どもに対する面会要求等罪」を新設，⑤性犯罪の公訴時効期間を延長。

☐ **刑事訴訟法**‥‥2023年の改正刑訴法等は，①保釈中の被告人の海外逃亡を防ぐために必要な場合，**裁判所がGPS端末の装着を命じることができる制度を導入**，②保釈中の被告人について「公判期日不出頭罪」や「制限住居離脱罪」を新設，③保釈中の被告人の監督者制度を創設，④刑事手続において犯罪被害者等の個人情報を保護する措置を導入。

CHAPTER

11

司法警察

司法警察分野の重要法律

ここに注目 司法警察分野で問われるのは，新しく制定された法律。試験に出そうな法律を一気にチェック！

□**入管法**‥‥2023年の改正入管法等は，①紛争避難民など難民条約上の難民ではないが，難民に準じて保護すべき外国人について「補完的保護対象者」認定制度を創設，②難民認定申請中の外国人を一律に送還停止する規定を改め，**例外規定を創設**（3回目以降の申請者，3年以上の実刑前科者，テロリスト等については退去させることが可能），③収容に代わる「監理措置」制度を創設。

□**配偶者からの暴力防止法（DV防止法）**‥‥2023年の改正法は，①**保護命令の対象行為に身体的暴力だけでなく，言葉や態度による精神的暴力を追加**（接近禁止命令等を申立てできる被害者に「自由，名誉，財産」に対する脅迫を受けた者を追加，発令要件を「心身に重大な危害を受けるおそれが大きいとき」に拡大），②電話等禁止命令の対象にSNS等を追加，③被害者の子どもへの電話禁止命令を新設，④接近禁止命令等の期間を6か月から1年間に延長，⑤保護命令違反を厳罰化。

□**少年法**‥‥2021年の改正法は，①18・19歳を**「特定少年」**と規定，②特定少年について**「原則逆送対象事件」**を拡大，③特定少年のときに犯した事件が起訴された場合，**実名報道等を解禁**。

□**ストーカー規制法**‥‥2021年の改正法は**規制対象を拡大**。①GPS機器等を使った位置情報の無承諾取得等，②実際にいる場所付近での「見張り」等，③拒まれたにもかかわらず，手紙などの「文書」を連続して送りつける行為を規制対象に加えた。

□**著作権法**‥‥2023年の改正法は，①立法・行政のための内部資料や特許審査の行政手続等に必要であれば，著作物をメール送信等できるようにする，②利用の可否について**著作権者の意思が確認できない著作物についての新たな裁定制度を創設**。

　　2021年の改正法は，①国立国会図書館が絶版資料のデータを直接利用者に送信できるようにする，②図書館が著作物の一部分を調査研究目的の利用者にメールなどで送信できるようにする，③**放送番組のインターネット同時配信等を円滑化**（放送と同様に著作物を利用できるようにする）。

暗記お助け

改正道交法のポイント

ここに注目 2022〜2023年に改正道路交通法が施行。ここでは，試験対策上知っておきたい改正内容を整理しておこう！

● 高齢運転者対策（2022年5月施行）

高齢運転者の事故対策を強化
・75歳以上で一定の違反歴のある運転者に「運転技能検査」を義務づけ
・安全運転サポート車のみ運転できる免許を創設

● 自動運転のルール（2023年4月施行）

「レベル4」の自動運転のルールを整備
・運転者がいない状態での運転＝「特定自動運行」
・「特定自動運行」する場合，都道府県公安委員会の許可が必要
・遠隔監視の体制整備（遠隔監視装置の設置や監視者の配置等）が必要

● 遠隔操作型小型車の交通ルール（2023年4月施行）

自動配送ロボット等の交通ルールを整備
・最高速度や大きさが一定基準内の自動配送ロボット等＝「遠隔操作型小型車」
・歩行者と同様の交通ルールを適用
・使用する場合，都道府県公安委員会への届出が必要

● 自転車運転の交通ルール（2023年4月施行）

すべての自転車利用者の乗車用ヘルメット着用を努力義務化
・自転車の運転者にヘルメットの着用を努力義務化
・自転車の運転者に対し，同乗者へのヘルメットの着用を努力義務化
・保護者等に対し，自転車を運転する児童・幼児へのヘルメットの着用を努力義務化

● 特定小型原動機付自転車の交通ルール（2023年7月施行）

電動キックボード等の交通ルールを整備
・最高速度や大きさが一定基準内の電動キックボード等＝「特定小型原動機付自転車」
・免許証は不要（16歳未満の運転は禁止），運転時のヘルメット着用は努力義務
・原則として車道通行（最高速度が一定速度以下のものは歩道通行可能）

CHAPTER

11

司法警察

No. 1 民法・民事訴訟法等の改正に関する次の記述のうち，妥当なのはどれか。

1　2022年の改正民法は，「嫡出推定」を見直し，無戸籍者が生じる一因ともなってきた「離婚の日から300日以内に生まれた子は前夫の子と推定する」という規定を削除した。

2　2022年の改正民法は，「親権を行う者は，監護及び教育に必要な範囲内でその子を懲戒することができる」と定めた条文を削除した。

3　2021年の改正民法等（改正不動産登記法）は，不動産を取得した相続人に対し，取得を知った日から1年以内に相続登記の申請をすることを義務づけ，正当な理由がないのにその申請を怠ったときは一定の罰金を科すとした。

4　2021年の相続土地国庫帰属法は，一定の要件を満たせば，相続等により土地の所有権を取得した者がその土地の所有権を時価で国に売却することができる制度を創設した。

5　2022年の改正民事訴訟法は，民事裁判手続を全面的にオンライン化すると定め，すべての訴訟について裁判所への訴状等をオンラインで提出することを義務づけた。

No. 2 刑法・刑事訴訟法の改正に関する次の記述のうち，妥当なのはどれか。

1　2022年の改正刑法は拘禁刑を新たに設け，「拘禁刑は，刑事施設に拘置し所定の作業を行わせる」と定め，拘禁刑に処せられた者に刑務所内での作業を義務づけた。

2　2022年の改正刑法は，侮辱罪の法定刑について「1年以下の懲役・禁錮または30万円以下の罰金」としていた定めを廃し，代わりに「拘留または科料」とすると定めた。

3　2023年の改正刑法により，暴行・脅迫やアルコール・薬物などを原因として，同意しない意思を形成したり，表明したり，全うすることが難しい状態で性交した場合，婚姻関係の有無にかかわらず，「不同意性交等罪」として処罰されることになった。

4　2023年の改正刑法は，16歳未満の子どもと性交した者は，年齢にかかわらず，「不同意性交等罪」として処罰すると定めた。

5　2023年の改正刑事訴訟法により，保釈中の被告人が外国の国籍を持つ場合には，裁判所はすべての被告人に対し，GPS端末の装着を命じることとなった。

正答と解説

No. 1　　　　　　　　　　　　　　　　　　　　　　　▷正答　2
1　改正法は，問題文にある規定を残している（削除したわけではない）。「再婚した場合，離婚の日から300日以内に生まれた子でも今の夫の子と推定する」との例外規定を設けた。
2　**正解！**　さらに改正法は，「親権者は，子の人格を尊重するとともに，その年齢及び発達の程度に配慮しなければならず，かつ，体罰その他の子の心身の健全な発達に有害な影響を及ぼす言動をしてはならない」と定めた。
3　改正法は，取得を知った日から3年以内の相続登記を義務づけた。また，正当な理由がないのに相続登記の申請を怠ったときは，過料（行政罰）を科すと定めた。罰金（刑事罰）ではない。
4　相続土地国庫帰属法が創設したのは，一定の要件を満たせば，相続等により土地の所有権を取得した者がその土地の所有権を国庫に帰属させることができる制度である（その際は10年分の土地管理費相当額の負担金を国に納付する）。
5　改正法が裁判所への訴状等をオンラインで提出することを義務づけたのは，訴訟代理人等（弁護士等）である。高齢者などオンライン提出に対応できない人は，依然として書面でも提出できる。

No. 2　　　　　　　　　　　　　　　　　　　　　　　▷正答　3
1　改正法は，「拘禁刑に処せられた者には，改善更生を図るため，必要な作業を行わせ，または必要な指導を行うことができる」と定めた。拘禁刑に処せられた者に刑務所内での作業を義務づけたわけではない。
2　改正法は，「拘留または科料」のみだった侮辱罪の法定刑に「1年以下の懲役・禁錮または30万円以下の罰金」を追加した。
3　**正解！**　不同意性交等罪は5年以上の有期拘禁刑に処せられる。なお，改正により「婚姻関係の有無にかかわらず」との文言が加わり，配偶者間であっても不同意性交等罪が成立することが明確化された。
4　改正法は，相手が13歳以上16歳未満の子どもの場合は，5歳以上年長であるときに処罰されると定めた。
5　改正法は，保釈中の被告人が海外に逃亡することを防止するため必要があるときに裁判所がGPS端末の装着を命じることができると定めた。外国籍を持つ被告人すべてに命じるわけではない。

CHAPTER

11

司法警察

No. 3 犯罪や法律の規定に関する次の記述のうち，妥当なのはどれか。

1 「振り込め詐欺」や「サイバー犯罪」といった新種の犯罪が登場したこともあり，刑法犯の認知件数は20年連続で増加し，2022年には初めて300万件を上回った。

2 少年非行は減少傾向にあり，2022年の刑法犯少年の検挙人員は19年連続で減少して1万人を下回り，同年齢層の人口1000人当たりの検挙人員も減少して成人より低い水準となった。

3 DV（配偶者からの暴力）防止法により規制が強化されたことから，警察に寄せられるDV事案の相談等件数は減少傾向にあり，2022年には，DV防止法が施行された2001年以降で初めて1万件を下回った。

4 2023年の改正DV防止法は，接近禁止命令等の申立てをできる被害者について，配偶者からの身体に対する暴力を受けた者と生命または身体に対する加害の告知による脅迫を受けた者に加え，自由，名誉，財産に対する加害の告知による脅迫を受けた者を追加した。

5 2021年の改正ストーカー規制法は，改正前からの電話，ファックス，文書，電子メールに加えて，拒まれたにもかかわらずSNSメッセージを連続して送る行為を規制対象とした。

No. 4 法律の改正に関する次の記述のうち，妥当なのはどれか。

1 2023年の改正著作権法は，利用の可否について著作権者の意思が確認できない著作物について，文化庁長官の裁定を受け，時限的に無償で利用できるようにする制度を創設した。

2 2023年の改正入管法等は，ウクライナなど紛争地域から逃れてきた避難民については，特例措置として「難民」と認定し，原則として定住者の在留資格を許可すると定めた。

3 2023年の改正入管法等は，難民認定申請中は一律に送還が停止される規定を改め，3年以上の実刑前科者およびテロリストに限り，難民認定申請中であっても退去させることを可能とした。

4 2021年の改正少年法は，原則として逆送決定がされる対象事件に，18・19歳のときに犯した死刑，無期または1年以上の懲役・禁錮に当たる罪の事件を追加した。

5 民法上で18歳が成年年齢となることを踏まえ，2021年の改正少年法は，18・19歳のときに犯したすべての事件について，犯人の実名・写真等の報道を解禁することとした。

No. 3 ▷正答　4

1　2022年の刑法犯の認知件数は20年ぶりに増加し，60.1万件となった。ちなみに，戦後最悪の2002年の認知件数は約285万件であり，300万件を超えたことはない。

2　2022年の刑法犯少年の検挙人員は，前年より若干増えて1万4887人となった。同年齢層の人口1000人当たりの検挙人員も増えて2.3人となり，成人の水準（1.5人）より高かった。

3　DV事案の相談等件数は増加傾向にあり，2022年には8.4万件にのぼり，DV防止法が施行された2001年以降の最多を更新した。

4　**正解！**　改正法は保護命令の対象行為に身体的暴力だけでなく，精神的暴力を追加した。発令要件についても，「生命または身体に重大な危害を受けるおそれが大きいとき」を「生命または心身に重大な危害を受けるおそれが大きいとき」に改めた。

5　2021年の改正法が規制対象に追加したのは，拒まれたにもかかわらず文書を連続して送る行為である。SNSメッセージは改正前から規制対象となっている。

No. 4 ▷正答　4

1　改正法は，利用の可否について著作権者の意思が確認できない著作物について，文化庁長官の裁定を受け，補償金を支払うことにより3年を上限に利用できるようにすると定めた。無償で利用できるわけではない。

2　改正法は紛争避難民など，難民条約上の難民ではない場合については，難民に準じて保護すべき「補完的保護対象者」に認定すると定めた。「難民」として認定するわけではない。

3　改正法は，3年以上の実刑前科者やテロリストだけでなく，3回目以降の申請者についても退去させることが可能と定めた。なお，3回目以降の申請者でも，難民や補完的保護対象者と認定すべき「相当の理由がある資料」を提出すれば，送還は停止される。

4　**正解！**　18・19歳の者については，逆送決定後は20歳以上の者と原則として同様に取り扱われることとなった。たとえば，有期懲役刑の期間の上限は30年となる（17歳以下の少年は15年）。

5　改正法が犯人の実名・写真等の報道を解禁すると定めたのは，18・19歳のときに犯した事件について起訴された場合（略式を除く）である。

CHAPTER

11

司法警察

No. 5 日本の交通事故の現状や対策に関する次の記述のうち，妥当なのはどれか。

1　2022年の交通事故死者数は前年比で減少したものの依然として3000人を超えており，交通事故の負傷者数も前年比で減少しながらもまだ100万人を上回っている。

2　2022年の交通事故死者数を年齢別に見ると，全体の半分以上を65歳以上の高齢者が占めており，19歳以下の若年者の死亡者数は全体の１割に満たない。

3　65歳以上の高齢者の人口10万人当たりの交通事故死者数は，80歳以上の高齢者の人口が増加してきたことを反映し，2012年から2022年にかけて増加傾向で推移した。

4　2022年の交通事故死者数を状態別に見ると，「自動車乗車中」が全体のほぼ半数を占めて最も多く，次いで「自転車乗用中」が多くなっている。一方，「歩行中」は少なく，全体の１割程度である。

5　第10次交通安全基本計画が掲げた「2020年までに交通事故死者数を2500人以下，交通事故死傷者数を50万人以下にする」という目標が未達成に終わったため，第11次交通安全基本計画（2021〜2025年度）は，第10次計画と同様の目標を2025年までに達成することを目指している。

No. 6 道路交通法の改正に関する次の記述のうち，妥当なのはどれか。

1　2020年の改正道路交通法は，高齢運転者対策を強化し，75歳以上のすべての高齢運転者に対し，運転免許証を更新する際，「運転技能検査」を義務づけた。

2　2022年の改正道路交通法は，運転者がいない状態での無人自動運転を「特定自動運行」と規定し，これを行う者は都道府県公安委員会に届出をしなければならないと定めた。

3　2022年の改正道路交通法は，最高速度や大きさが一定基準以下の電動キックボード等を「特定小型原動機付自転車」と規定し，その運転には運転免許を要さないことや16歳未満の運転を禁止することなどを定めた。

4　2022年の改正道路交通法は，最高速度や大きさが一定基準以下の自動配送ロボット等を「遠隔操作型小型車」とし，使用者は都道府県公安委員会に使用計画を提出し，許可を得なければならないと定めた。

5　2022年の改正道路交通法は，乗車用ヘルメットをかぶっていなかった場合の致死率がかぶっていた場合の約２倍となっていること等を踏まえ，すべての自転車利用者に対し，乗車用ヘルメットをかぶることを義務化した。

No. 5   ▷正答　2

1　2022年の交通事故死者数は，前年に比べて26人減少して2610人となり，3000人を下回る水準となっている。負傷者数は18年連続で減少し，35.7万人となった。

2　**正解！**　2022年の交通事故死者数に占める65歳以上の高齢者の割合は56.4%。一方，19歳以下の割合は4.3%（9歳以下0.9%，10〜19歳3.4%）と1割を下回っている。

3　65歳以上の高齢者の人口10万人当たりの交通事故死者数は，2012年から2022年にかけて減少傾向で推移した。

4　最も多いのは「歩行中」(36.6%)で，次いで多いのは「自動車乗車中」(33.3%)となっている。これらに次ぐのが「自転車乗用中」(13.0%)である。

5　第10次計画では，死者数の目標は達成できなかったが，死傷者数の目標については達成できた。第11次計画の目標は，「2025年までに死者数を2000人以下，重傷者数を2万2000人以下にする」ことである。

No. 6   ▷正答　3

1　改正法が運転免許証更新時の「運転技能検査」を義務づけたのは，75歳以上で一定の違反歴のある運転者である。なお，運転技能検査の対象とならない75歳以上の高齢運転者には実車指導を実施し，技能を評価する。

2　改正法は，特定自動運行を行う場合，都道府県公安委員会に運行計画を提出し，許可を得なければならないと定めた。また，遠隔監視装置の設置や監視者の配置などを義務づけた。

3　**正解！**　「特定小型原動機付自転車」の運転は原則として車道通行だが，最高速度が一定以下の場合は例外的に歩道を通行できる。交通反則通告制度や放置違反金制度の対象で，危険な違反行為を繰り返す者には都道府県公安委員会が講習の受講を命ずるとしている。

4　改正法は，遠隔操作型小型車の使用者は都道府県公安委員会に届出をしなければならないと定めた（許可は不要）。

5　改正法が定めたのは，すべての自転車利用者に対する乗車用ヘルメットの着用の努力義務化であり，義務化ではない。

第12章 社会問題

●過去問研究

女性の活躍は出題でも

　女性の活躍は日本の大きな課題。これまでも女性の社会参加は各種試験で取り上げられてきた。選択肢レベルでの出題も多く，女性活躍推進法は令和4年度の警視庁警察官［Ⅰ類］で選択肢に登場。候補者男女均等法については，元年度の国家総合職の基礎能力試験が選択肢で取り上げ，4年度の東京都［Ⅰ類A］が5つの選択肢すべてを使って改正法の詳しい内容を出題した。

　選択肢の出題パターンには，**政策・関連法の内容**（男女共同参画基本計画など），**関連用語**（クオータ制など），そして**統計**（議員に占める女性の割合など）の3つが見られる。政策が中心だが，数字にも気を配っておきたい。

消費者重視は当然

　消費者行政も公務員試験の頻出テーマ。これまで各種試験に出題例がある。

　2018年の改正消費者契約法は令和元年度の国家一般職［大卒］の時事の選択肢に登場。2019年の食品ロス削減推進法は2年度の東京都［Ⅰ類A］が，2021年の特定商取引法は4年度の国家一般職［大卒］が出題した。旧統一教会問題を受けて2022年に成立したばかりの不当寄附勧誘防止法は，5年度の東京都［Ⅰ類B］でさっそく取り上げられた。

備えあればうれいなし

　自然災害，防災，国土強靭化に関する出題は，いろいろなパターンで可能だ。令和5年度の国家総合職の「時事」のように「自然災害等」だけで5択を組む場合もあるが，経済対策や環境の時事とからめて出題されることもある。行政にとって防災対策は重要課題だから，論述も視野に，知識の幅を広げておきたい。いずれにしても「備えあればうれいなし！」で臨もう。

 人口動向は面接用！

　人口は政策を考えるうえでの基本統計。国勢調査に加え，人口推計や人口動態統計なども出題元となりうる。令和5年度に人口をテーマに出題したのは東京消防庁消防官［Ⅰ類］と警視庁警察官［Ⅰ類］。そのほか国家専門職［大卒］が人口動態の出生数を選択肢で取り上げた。

　最も重要なのは人口減少の動向。日本全体はもちろん，都道府県や市町村の人口増減にも目を向けておきたい。面接や論述試験できっと役立つはずだ。

暗記お助け

女性が輝く社会づくり

ここが
注目 「女性の活躍」は公務員試験に出やすいテーマの１つ。関連用語も含めて
徹底研究しておこう！

● 基本法・基本政策

□ **男女共同参画基本計画**････2020年に閣議決定された第５次基本計画（2021〜
2025年度）は，2020年代の早期に指導的地位の女性割合を30％程度に引き上
げると明記。また，**女性の安全・安心な暮らしの実現**を掲げ，暴力の根絶，
貧困対策，健康支援などに取り組むとした。

□ 女性活躍推進法････**女性の職業生活における活躍を推進するための法律**。国，
地方自治体，そして従業員301人以上の大企業は，女性の活躍に関する課題
の解決に向け，数値目標を含む行動計画を策定しなければならないと定めた。
2019年の改正法は，101人以上の中小企業にもこれを義務化した。

□ 候補者男女均等法････2018年成立。政党等に対し，**立候補者の男女均等に自
主的に取り組む**よう求める。2021年の改正法は，女性の立候補が妨げられな
いように，政党や国・地方自治体に**セクハラやマタハラの防止策**を求めた。
また，政党に対しては男女の候補者数の目標設定を要求。候補選定方法の改
善や候補者の人材育成などに取り組むよう求めた。

□ 女性版骨太の方針2023････2023年６月策定。女性活躍と経済成長の好循環
を強調し，女性起業家の育成を支援。また，東京証券取引所のプライム市場
の上場企業に対し，**女性役員を増やす取組み**を求めた。女性の所得向上・経
済的自立に向け，多様な正社員制度の普及促進なども図る。

● 関連用語

□ 間接差別････表面上は性と無関係に見えなが
ら，実際には男女の一方の不利益につながっ
ている雇用規定や雇用慣行。たとえば，募集・
採用にあたって身長・体力を要件とすること
や，全国転勤を要件とすることなど。

□ クオータ制････ポジティブ・アクション（積
極的改善措置）の１手法。「委員の３割以上
は女性とする」といったように，**性別に基づ
き一定の人数や比率を割り当てる**。

女性国会議員

日本は欧米諸国などと比べ女
性国会議員が少ない。その割合
は衆議院では9.7％，参議院で
は25.8％だ（各選挙後）。

ちなみに地方議会でも女性議
員の割合は低く，都道府県議会
では11.8％，市議会全体では
17.4％，町村議会では12.2％
にすぎない（2022年末時点）。

消費者行政の充実

 近年，注目度がアップしている行政分野。消費者本位の行政は今や公務員の基本姿勢！

● 消費者行政の基本政策

☐ **消費者基本計画**‥‥消費者政策の基本的方向を定めた計画。第4期基本計画（2020〜2024年度）の柱は，**消費者被害の防止**，エシカル消費などを通じた**消費者による経済・社会構造の変革**，電子商取引や国際化がもたらす**消費生活の課題への対応**，消費者教育・啓発活動の推進など。

☐ **エシカル消費**‥‥**社会・環境に配慮した倫理的な消費行動**。消費者が商品・サービスを選ぶときの尺度の1つとなることが期待されている。

☐ **食品ロス削減推進法**‥‥2019年成立。「食品ロス」の削減を促す。同法に基づき，政府は2020年に**食品ロス削減推進基本方針**を策定。外食については「食べきり」や「持ち帰り」の励行を図るとした。

● 消費者保護

☐ **消費者契約法**‥‥2018年の改正法は成年年齢の引き下げに対応。「取り消しうる不当な勧誘行為」に**社会生活上の経験不足を不当に利用した「不安をあおる告知」等**を加えた。2022年の改正法は，退去困難な場所へ同行し勧誘する行為や相談の連絡を妨害する行為などを取消権の対象に含めた。

☐ **特定商取引法**‥‥**訪問販売や通信販売などの「特定商取引」を規制**。2021年の改正法（改正特定商取引法・預託法）では「送り付け商法」への対策が強化され，消費者は一方的に送り付けられた商品を直ちに処分できることになった。また，通販の「詐欺的な定期購入商法」については，誤認表示等を直罰化し，契約解除の妨害行為を禁止した。

☐ **取引デジタルプラットフォーム利用消費者利益保護法**‥‥2021年成立。**オンラインモールなどの「取引デジタルプラットフォーム（取引DPF）」に関する消費者保護の規定**を整備した。消費者が損害賠償などを求める際には，取引DPF提供者に対し，販売業者についての情報開示を請求できるとした。

☐ **不当寄附勧誘防止法**‥‥旧統一教会問題を契機に2022年制定。不当勧誘により困惑して寄附の意思表示をした場合の取消権などを定める。

☐ **景品表示法**‥‥2022年の改正法は**インターネット広告の不当表示対策を強化**。行政処分を経ない直罰化規定等を定めた。

災害に強い国づくり

ここに注目 自然災害に見舞われやすい日本にとって，防災・減災は重要な政策テーマ。論述や面接も念頭にしっかり学習しておこう！

● 災害対策関連用語

□南海トラフ地震‥‥フィリピン海プレートとユーラシアプレートが接する海底の溝状地形＝「**南海トラフ**」付近を震源とする**大規模地震**。従来は，東海地震，東南海地震，南海地震と分けて語られてきたが，現在は南海トラフ全域での大規模地震の発生に備える状況にあるとされている。2019年に修正された「南海トラフ地震防災対策推進基本計画」には，震源域の東西どちらかだけで地震が起きたとき（半割れ）の後発地震への備えも盛り込まれた。

□警戒レベル‥‥政府は2021年，**豪雨による水害・土砂災害**に備え，防災気象情報・避難情報の出し方を刷新。警戒レベル１～５のそれぞれで住民がとるべき避難行動を明確化した。

□プッシュ型物資支援‥‥災害発生当初の段階で，国が被災地からの要望を待たずに，**必要不可欠と見込まれる物資を調達し，被災地に緊急輸送する手法**。2016年の熊本地震から導入された。

● 国土 強 靱化政策
きょうじん

□国土強靱化‥‥ナショナル・レジリエンス。国土・経済・暮らしが，災害や事故に遭っても，**致命的な被害を負わない「強さ」**と，**速やかに回復する「しなやかさ」**を持つこと。

□国土強靱化基本計画‥‥国土強靱化基本法に基づき国が策定。**災害時でも機能不全に陥らない経済社会システムを平時からつくる**ことを提唱。2023年の改定基本計画は，基本方針に，①防災インフラの整備・管理，②ライフラインの強靱化，③デジタル等新技術の活用，④官民の連携強化，⑤地域における防災力の強化の５つを掲げた。

□防災・減災，国土強靱化のための５か年加速化対策‥‥2020年策定。2021年度からの５年間に実施する123の具体策を掲げた。中心は**激甚化する風水害や切迫する大規模地震等への対策**。

□盛土規制法‥‥2022年，宅地造成等規制法は**宅地造成及び特定盛土等規制法**
もりど
（通称「**盛土規制法**」）に改称。危険な盛土を全国一律の基準で規制する。

社会問題の基礎問題

No. 1 防災に関する次の記述のうち，妥当なのはどれか。

1 政府は，防災基本計画において「防災は行政の責任である」と述べ，公助による防災を最優先・最重要とする姿勢を示している。

2 豪雨による水害・土砂災害に関する「警戒レベル」は，「避難準備」「高齢者等避難」「全員避難」の3段階で通知される。

3 改正災害対策基本法が推奨する「地区防災計画」は，まだ200ほどの地区でしか策定されていない。

4 国土強靱化（ナショナル・レジリエンス）には，被害を負わない「強さ」を高め，国土の「しなやかさ」をなくすことが必要である。

5 2023年に閣議決定された国土強靱化基本計画は，「デジタル等新技術の活用」を基本方針に掲げた。

No. 2 食品に関する次の記述のうち，妥当なのはどれか。

1 食品ロスには，「売れ残り」や「食べ残し」のほか，調理過程で廃棄される「食用にできない部位」も含まれる。

2 2020年に策定された「食品ロス削減推進基本方針」は，食品衛生の観点から外食の持ち帰りを認めず，できるだけ食べきることを奨励した。

3 消費者庁は賞味期限前の消費の徹底を促しており，賞味期限切れ商品については，食品衛生の観点から速やかな廃棄を求めている。

4 2023年12月の食品ロス削減目標達成に向けた施策パッケージは，フードバンクなどへの食品寄付の促進を盛り込んだ。

5 食品についてはリコール（自主回収）届出制度があり，農林水産省が専用サイトにリコール情報を掲載している。

No. 3 消費者行政に関する次の記述のうち，妥当なのはどれか。

1 2020年に閣議決定された消費者基本計画は，感染症や災害といった緊急時の消費者対策を強化するとした。

2 2021年の改正消費者契約法は，一方的に送り付けた商品の購入を迫る「送り付け商法」対策として，消費者に当該商品の処分を認めた。

3 2022年の改正特定商取引法は，勧誘すると告げずに退去困難な場所へ同行させて勧誘する行為を「取り消しうる不当な勧誘行為」に加えた。

4 オンラインモールでの消費者保護については，法律上の規制はない。

5 2023年の改正景品表示法は，ウソや誇大宣伝を行った事業者に対し，罰金等は科さないものの，営業停止処分を行うことを新たに定めた。

正答と解説

No. 1

1　政府は「公助」を最優先するとの考え方には立っていない。「公助」「自助」「共助」の適切な組合せが重要であるとしている。

2　警戒レベルは5段階である。より明確に避難を呼びかけるため，2021年に表現が修正された。

3　2023年の『防災白書』によると，すでに2091の地区が策定済みである。

4　国土強靱化のいう「しなやかさ」は速やかに回復できることを意味する。当然，あるほうがよい。

5　**正解！**　ドローンを利用した災害発生現場の状況把握や，住民の安否確認でのマイナンバーカードの活用などに取り組む。

No. 2
▷正答　4

1　食用にできずに廃棄される部位は「食品廃棄物」である。一方，食べられるにもかかわらず捨てられる食品を「食品ロス」と呼ぶ。食品廃棄物は食品ロスを含むが，食品ロスには食品廃棄物は含まれない。

2　基本方針は外食について，「食べきり」に努めることと，できる範囲で余った料理の「持ち帰り」をすることを消費者に要請した。

3　賞味期限は「おいしく食べられる期限」であり，賞味期限切れ商品がすぐに廃棄されないよう，啓発活動を行っている。

4　**正解！**　フードバンクとは，貧困や災害などで支援が必要な人に食料を提供する活動である。

5　食品リコール届出制度を運用しているのは，農林水産省ではなく消費者庁である。

No. 3
▷正答　1

1　**正解！**　緊急時の不安心理につけ込む悪質商法対策などを盛り込んだ。

2　「送り付け商法」の対策強化を定めたのは2021年の「改正特定商取引法」である。一方的に送り付けられた商品を消費者が処分できると定めた点は正しい。

3　契約において弱い立場になりやすい消費者を守るのは，特定商取引法ではなく，消費者契約法である。

4　オンラインモールなどでの消費者保護に向け，2021年に「取引デジタルプラットフォーム利用消費者利益保護法」が制定された。

5　改正法は，行政処分を経ない直罰化（罰金100万円以下）を定めた。

社会問題の予想問題

No. 4 男女共同参画に関する次の記述のうち，妥当なのはどれか。

1 2019年の改正女性活躍推進法は，国・地方自治体に加え，新たに労働者301人以上の企業に対しても，女性の職業生活における活躍を推進するための行動計画の策定を求めている。

2 2021年度からの第5次男女共同参画基本計画は，指導的地位の女性割合について，「2025年度末までに40％以上に引き上げる」との数値目標を掲げた。

3 「女性版骨太の方針2023」は，すべての上場企業に対し，2025年までに女性役員1人以上を選任することや2030年までに女性役員比率30％以上を実現することなどを求めていく方針を示した。

4 2021年の改正候補者男女均等法(政治分野における男女共同参画推進法)は，女性の立候補が妨げられないよう，政党や国・地方自治体に対し，セクハラ・マタハラ防止策を求めている。

5 女性議員の割合は，国会議員では低水準にあるが，都道府県議会議員については都市圏を中心に上昇しており，2022年末には25％を上回った。

No. 5 日本の人口に関する次の記述のうち，妥当なのはどれか。

1 総務省統計局の「人口推計」によると，2022年10月1日時点での日本の総人口は約1億2495万人で，コロナ禍からの回復で，前年比ではわずかに増加となった。

2 総務省統計局の「人口推計」で，2022年10月1日時点での人口の増減を自然増減と社会増減に分けて見ると，前年に比べ社会減が大きく，自然増の人数を上回ったため，全体として人口減少になった。

3 厚労省の「人口動態統計」によると，出生数は2016年に100万人を下回り，2022年には過去最少の約77万人を記録した。

4 人口減少に伴い，日本の世帯数と1世帯当たりの平均人員はともに減少傾向にある。2020年の国勢調査では，5年前の前回調査より世帯数が約238万世帯（4.5％）減少し，平均世帯員数は2.33人から2.21人へと少なくなった。

5 世帯を家族類型別に見ると，2020年の国勢調査では「夫婦のみの世帯」「夫婦と子供から成る世帯」「単独世帯」の順に多いが，近年の少子高齢化の進展に伴い，将来的には「単独世帯」が最も多くなると見られている。

No. 4
▷正答 4

1 301人以上の企業は，国・地方自治体とともに，改正前から行動計画の策定等の対象に含められていた。改正法により加えられたのは労働者101人以上の中小企業である。

2 第4次基本計画の数値目標（2020年30％）が未達成に終わったため，第5次基本計画は年限と数値目標の表現を和らげ，「2020年代の可能な限り早期に30％程度となるよう目指して取り組みを進める」とした。

3 「すべての上場企業」ではなく，「プライム市場の上場企業」が対象である。プライム市場の取引所規則に新たな規定の設定を求め，方針の実現を図るとしている。

4 **正解！** そのほか改正法は，政党に対し，男女の候補者数の目標設定，候補選定方法の改善，候補者の人材育成などを求めている。

5 都道府県議会議員についても女性の参画は進んでおらず，2022年末時点の女性比率は11.8％にすぎない。地方議会では，市議会全体（17.4％）や町村議会（12.2％）よりも低いレベルにとどまっている。

No. 5
▷正答 3

1 前年比では0.44％（約56万人）の減少だった。減少は12年連続である。

2 外国人が増えてきたことにより社会増減は17万5000人の増加となったが，自然増減は73万1000人の減少だった。

3 **正解！** 出生数は1985年には約143万人だったので，このまま減少が続くと，およそ40年で半分になる。

4 一人暮らし世帯が増えていることから，近年，日本の世帯数は増加傾向にある。2020年の国勢調査によると，日本の世帯数は前回調査より約238万世帯（4.5％）増加した。なお，世帯員数についての記述は正しい。

5 世帯の家族類型別内訳では，すでに「単独世帯」が最も多く，一般世帯の約4割を占めている。次いで「夫婦と子供から成る世帯」「夫婦のみの世帯」が続く。

索　引

147

執筆責任者

高瀬淳一

名古屋外国語大学世界共生学部・同大学院教授，グローバル共生社会研究所所長。
主著：『サミットがわかれば世界が読める』（名古屋外国語大学出版会），『政治家を疑え』
（講談社），『できる大人はこう考える』（ちくま新書），『「不利益分配」社会－個人と政治
の新しい関係』（ちくま新書），『武器としての〈言葉政治〉－不利益分配時代の政治手法』
（講談社選書メチエ），『情報政治学講義』（新評論），『情報と政治』（新評論），『サミット』
（芦書房），『行政5科目まるごとパスワードneo2』，『行政5科目まるごとインストール
neo2』，『集中講義！国際関係の過去問』，『20日間で学ぶ国際関係の基礎』，『はじめて学ぶ
国際関係』，『論文・面接で問われる行政課題・政策論のポイント』（以上，実務教育出版）

本文組版：㈱森の印刷屋　　カバーデザイン：斉藤よしのぶ　　イラスト：高木みなこ

●本書の内容に関するお問合せについて

　本書の内容に誤りと思われるところがありましたら，お手数ですがまずは小社のブックスサイ
ト（jitsumu.hondana.jp）中の本書ページ内にある正誤表・訂正表をご確認ください。正誤表・
訂正表がない場合や，正誤表・訂正表に該当箇所が掲載されていない場合は，書名，発行年月日，
お客様のお名前・連絡先，該当箇所のページ番号と具体的な誤りの内容・理由等をご記入のうえ，
郵便，FAX，メールにてお問合せください。

　　　〒163-8671　東京都新宿区新宿1-1-12　　実務教育出版　第二編集部問合せ窓口
　　　FAX：03-5369-2237　　　E-mail：jitsumu_2hen@jitsumu.co.jp
　【ご注意】※電話でのお問合せは，一切受け付けておりません。
　　　　　　※内容の正誤以外のお問合せ（詳しい解説・受験指導のご要望等）には対応できません。

令和6年度試験完全対応　公務員試験　速攻の時事　実戦トレーニング編

2024年2月10日　初版第1刷発行　　　　　　　　　　　　　　　　　〈検印省略〉

編　者──資格試験研究会
発行者──淺井　亨
発行所──株式会社実務教育出版
　　　　　〒163-8671　東京都新宿区新宿1-1-12
　　　　　☎編集03-3355-1812　販売03-3355-1951
　　　　　振替　00160-0-78270
印刷・製本──図書印刷